AF831798

KARIN WAHL

GEBRAUCHSANWEISUNG
VISUAL MERCHANDISING

dfv Mediengruppe
Fachbuch

BIBLIOGRAFISCHE INFORMATION DER DEUTSCHEN NATIONALBIBLIOTHEK
Die Deutsche Nationalbibliothek verzeichnet diese Publikation in der Deutschen Nationalbibliografie; detaillierte bibliografische Daten sind im Internet über http://dnb.d-nb.de abrufbar.

Haftungsbegrenzung/Gewährleistungsausschluss: Obgleich Verlag und Autor dieses Buch nach bestem Wissen und Vermögen vorbereitet haben, übernehmen sie keinerlei Garantien oder Gewährleistung hinsichtlich der inhaltlichen Exaktheit oder Vollständigkeit dieses Buches und lehnen insbesondere jegliche implizierte Gewährleistung bezüglich der Verkehrsfähigkeit oder Eignung zu einem besonderen Verwendungszweck ab. Weder von einem Vertreiber noch von schriftlichem Verkaufsmaterial kann irgendeine Gewährleistung übernommen werden. Die in diesem Buch enthaltenen Ratschläge und Strategien können unter Umständen nicht auf Ihre Situation zutreffen. Bezüglich ihrer Anwendbarkeit sollten Sie einen Fachmann konsultieren. Weder Verlag noch Autor haften für Gewinneinbußen oder anderweitige Geschäftsschäden. Dieser Haftungsausschluss umfasst auch besondere, zufällige oder in Folge auftretende Schäden sowie jedwede andere Schäden, beschränkt sich jedoch nicht darauf.

Alle Angaben dieser Ausgabe sind sorgfältig erwogen und geprüft; dennoch kann eine Garantie für die inhaltliche Richtigkeit der Informationen oder deren rechtliche Zulässigkeit nicht übernommen werden. Eine Haftung des Autors bzw. des Verlags und dessen Beauftragte für Personen-, Sach- und Vermögensschäden, die aus der Verwendung der Informationen entstehen, ist ausgeschlossen.

ISBN 978-3-86641-322-1

© 2018 by Deutscher Fachverlag GmbH, Frankfurt am Main.
Alle Rechte vorbehalten. Nachdruck, auch auszugsweise, nur mit Genehmigung des Verlags.

LEKTORAT: Sabine Rock, Frankfurt am Main, www.druckreif-rock.de
UMSCHLAG: die basis, Wiesbaden, www.die-basis.de unter Verwendung eines Fotos von © abama / the display company
GRAFISCHE GESTALTUNG UND SATZ: die basis, Wiesbaden, www.die-basis.de
DRUCK UND BINDUNG: Grafisches Centrum Cuno GmbH & Co. KG, Calbe

www.dfv-fachbuch.de

KARIN **WAHL**

GEBRAUCHSANWEISUNG

VISUAL MERCHANDISING

BAND 3: WARENPRÄSENTATION IM FACHHANDEL

dfv Mediengruppe
Fachbuch

PITEL 3
43–71

KAPITEL 4
von 73–99

5

LETZTER BLICK 101

6

BRANCHEN UND SPEZIELLE KONZEPTE 109

KAPITEL 5
von 101–107

KAPITEL 6
von 109–155

7

Runter vom Sofa, rein in den Laden
©PROFLAX Textilmanufaktur GmbH & Co. KG

VORWORT
»DER BEGRIFF ›HARTWARE‹ IST LEIDER NICHT SEXY!«

Neulich im Kollegenkreis: »Kennt eigentlich jemand ein anderes Wort für Hartware?« Erst nach einiger Zeit kommen ein paar Vorschläge: vielleicht »Konsumgüter« oder »Verbrauchsgüter«, »Gebrauchsgüter« oder »shopping goods« oder besser »hard goods« und »soft goods« oder einfach »Ware aus dem Fachhandel«? »Hartware« ist im Einzelhandel ein gängiger Sammelbegriff für Warengruppen aus dem nichttextilen Bereich, vereinfacht ausgedrückt: alles außer Mode – wobei selbst im Modehandel immer mehr Hartware mit angeboten wird. In den sogenannten Concept Stores ist das sowieso der Fall. Nun ist dieses Wort nicht gerade sexy und wird nicht in allen Branchen verwendet. Dieses Buch zeigt Ihnen, wie man Produkte, die tatsächlich meistens »hart« sind (außer Tüchern, Kissen, Handtüchern et cetera), so in Szene setzt, dass es Ihre Kunden begeistert. Genauso, wie Sie Ihren Kunden Ihre Ware schmackhaft machen möchten, suchte ich nach einem Wort, das alle Warengruppen umfasst, das überall verstanden wird und Ihnen dieses Buch schmackhaft macht.

Zielgerichtet Kunden ansprechen und begeistern.

Ich habe mich dann für den Untertitel »Warenpräsentation im Fachhandel« entschieden, weil der Begriff »Fachhandel« für alle Unternehmen steht, die sich (laut Wikipedia) durch ein breit und tief gegliedertes Sortiment einer Branche auszeichnen. Der Fachhandel bietet alle Güter an, die von Konsumenten verbraucht (Verbrauchsgüter) oder genutzt (Gebrauchsgüter) werden. Um im Fachhandel attraktive Erlebniswelten zu schaffen, sollte man die wichtigsten Grundregeln der Warenpräsentation beherrschen und über ausreichend fachliches Know-how verfügen. Das Ziel: Der umworbene Kunde soll das Sofa (Gebrauchsgut) verlassen, um sich in schönen Läden inspirieren zu lassen – und sich dann vielleicht ein Kissen (Gebrauchsgut), Kerzen (Verbrauchsgüter) und ein Buch (Gebrauchsgut) zu gönnen. Wenn Ihnen das gelingt, ist das für Ihre Kasse mehr als »sexy«!

Vom Point of Sale zum Point of Wow!

Ich möchte Ihnen auf den folgenden Seiten zeigen, was Ihren Kunden begeistert, was er als kritischer Konsument wahrnimmt und welche Basics Sie beachten sollten, um ihm ein spannendes und inspirierendes Warenbild zu bieten. Im hinteren Teil gehe ich auf verschiedene Branchen und deren Grundlagen ein und gebe praktische Tipps, die Sie bei der Präsentation der jeweiligen Produktgruppen unterstützen sollen.

Ortloff GmbH, Köln ©mauricecoxfotografie

1

KUNDEN BEGEISTERN

Konen © Rolf Sturm

1.1 VISUAL MERCHANDISING
WARUM EIGENTLICH?

Visual Merchandising ist aus dem stationären Einzelhandel nicht mehr wegzudenken. Das gilt nicht nur für die Modewelt, sondern auch in Concept Stores und allen anderen Fachgeschäften. Es geht bei Visual Merchandising im Grunde darum, das Verkaufen visuell zu unterstützen und mithilfe der richtigen Warenpräsentation Begehrlichkeiten zu wecken. Der Begriff heißt übersetzt »optische Verkaufsförderung«: ein Verkaufen ohne Verkäufer; der Kunde wird zunächst optisch angesprochen und soll sich erst einmal alleine zurechtfinden. Selbst bei dünner Personaldecke können so mit den entsprechenden Maßnahmen die ersten Schritte zum Verkaufsabschluss eingeleitet werden. Die Waren müssen verführerisch präsentiert werden - mit dem Ziel, den Umsatz zu steigern.

Manchmal habe ich das Gefühl, dass insbesondere in Fachgeschäften die Produkte in den Regalen oft nur schnell »abgestellt« werden, damit sie verräumt sind. Das ist natürlich der bequemere Weg; ein Inszenieren oder zumindest ein Anbieten von interessanten Produktwelten bedeutet immer einiges an Aufwand: Es braucht dafür gute Konzepte, man muss Warenbilder ausprobieren, um die beste Variante zu finden, und vieles andere mehr. Das Aufbauen nach den Regeln des Visual Merchandising macht also in jedem Fall erst einmal Mühe. Wenn Sie jedoch mit dem nötigen Hintergrundwissen ausgestattet an dieses Vorhaben gehen, sparen Sie Zeit und Arbeit. Sie verfügen einfach über die nötige Sicherheit und wissen, wann und warum etwas ansprechend aussieht und wann nicht.

FAZIT: Mithilfe von Visual Merchandising wird der Abverkauf der Waren forciert und unterstützt.

FRAGEN SIE SICH:

- **Bieten wir schon ansprechende Bilder?**
- **Wo könnte Visual Merchandising bei uns zum Einsatz kommen?**

CHANCEN UND FREQUENZBRINGER

Wie viele Teelichte oder Servietten haben Sie zu Hause? Das bekannte schwedische Möbelhaus macht es allen vor. Eigentlich haben Sie dort nichts Bestimmtes gesucht und sind doch wieder mit Teelichten und Servietten nach Hause gekommen. Diese Dinge würde man auch problemlos im Internet bekommen. Aber würde man sie dort suchen? Mit Sicherheit nicht! Erst das Eintauchen in spannende Welten verbunden mit einem (vorher konstruierten) Einkaufserlebnis lässt die Herzen der Kunden höher schlagen und steigert ihre Kauflust. Dieses Möbelhaus schafft es mit seinem durchdachten Konzept, Menschen in gute Stimmung zu versetzen und sie auf Entdeckungsreise zu schicken. Das Ergebnis: lange Schlangen an den Kassen.

Zuerst muss sich das Herz öffnen, dann das Gehirn und zuletzt die Geldbörse.

Doch wie schafft man das? Was ist das Geheimnis? Gerade im Zeitalter des Onlinehandels, in dem man »nur« Waren bestellt und die einzige Kommunikation mit dem Paketdienstfahrer stattfindet, kann der stationäre Einzelhandel die Kunden mit ungewöhnlichen Konzepten begeistern. Finden Sie Ihren USP (unique selling point = Alleinstellungsmerkmal). Was macht Ihr Unternehmen so besonders? Spannende Schaufenster, die Kunden anlocken - ein Angebot, das es sonst nirgendwo gibt - Aktionen, die Spaß machen - die geschickte Nutzung der sozialen Medien - tolle Präsentation der Ware - angenehme Aufenthaltsqualität: All das (und noch viel mehr) macht Kunden neugierig, begeistert sie und animiert sie zum Wiederkommen. Gerne werden sie diese Erlebnisse weitergeben, sei es per Mundpropaganda oder im Internet bei den Beurteilungen, und so können diese Zutaten zum zusätzlichen Frequenzbringer werden. Um es mit der alten Händlerweisheit zu sagen: Zufriedene Kunden sind die beste Werbung!

FAZIT: Nur wenn sich ein Kunde positiv an einen Laden erinnert, wird er wiederkommen und es auch weitererzählen.

FRAGEN SIE SICH:

- **Hat unser Geschäft ein besonderes Konzept?**
- **Welche Möglichkeiten haben wir, die Frequenz zu erhöhen?**

EMOTIONALISIERUNG UND STORYTELLING

Alle Experten raten zur Emotionalisierung im Einzelhandel. Doch was bedeutet das? Die beste Werbung macht für mich im Moment Edeka mit dem Spruch: »Wir lieben Lebensmittel.« Das Foto mit den Erdbeeren beweist das. Es entstand um 19:45 Uhr, also kurz vor Ladenschluss. Es war wohl in der Kühltheke nur noch eine Schale mit Erdbeeren übrig. Da sie sehr verloren wirkte, hat sich in der Tat kurz vor Ladenschluss ein Mitarbeiter noch Gedanken gemacht, wie er dem Kunden abends ein schönes Bild bieten kann. Sensationell - zum einen die Idee und dann auch noch die Mühe, das so schön umzusetzen! Da geht einem doch das Herz auf und man freut sich über diese tolle Geste. Wäre dieser Supermarkt in meiner Nähe, ich würde nur noch dort einkaufen!

Positive Gefühle lösen Kauflust aus.

Die Psychologen kennen nur sechs Grundemotionen: Neugier, Ekel, Freude, Angst, Ärger und Trauer. Darunter sind nur zwei positive Gefühle: Neugier und Freude. Auf genau diese sollten Sie sich konzentrieren. Machen Sie Ihre Kunden zuerst neugierig. Das kennen Sie sicherlich auch: Ist irgendwo ein Schlüsselloch auch nur angedeutet, muss man hindurchsehen! Anschließend machen Sie den Kunden eine Freude, so wie mit den Erdbeeren. Erzählen Sie eine Geschichte. No story, no glory! Geschichten verankern sich im Gehirn ganz anders und werden auch weitererzählt. Haben Sie eine spannende Firmengeschichte? Erzählen Sie davon! Gestalten Sie originelle Schaufenster, die Geschichten erzählen. Wenn diese dann noch »gepostet« und »geliket« werden, ist das schon die halbe Miete. Damit es funktioniert, müssen die Geschichten natürlich besonders sein und emotional berühren.

FAZIT: Ihr Erscheinungsbild nach außen muss emotional aufgeladen werden: mit Storytelling Kunden gewinnen.

FRAGEN SIE SICH:

- **Erzählen unsere Schaufenster eine Geschichte?**
- **Präsentiert sich unser Laden emotional?**

© Michael Ernst

VERWEILDAUER VERLÄNGERN

Es gibt eine Studie, die besagt: Wenn jemand länger im Laden bleibt, kauft er mehr ein.[1] Wer mehr Zeit hat, alles zu entdecken, wird mehr finden, was ihm gefällt. Und das ist bestenfalls mehr als nur ein paar Teelichte und Servietten. Es hängt eben viel von der Atmosphäre im Laden ab. Es muss Ihnen gelingen, den Kundenlauf zu entschleunigen. Gerade in unserer schnelllebigen Zeit, in der jede unserer Handlungen gefühlt in ein Zeitfenster passen muss, ist es die Aufgabe des Einzelhandels, Menschen mit schönen Bildern zu fesseln und ihnen in ihrer Freizeit den Aufenthalt so besonders wie möglich zu machen. Schließlich ist das Shoppen neben vielen anderen Optionen nur eine Möglichkeit, seine Freizeit zu gestalten. Bauen Sie Stopper ein, die zum langsamen Gehen anregen und neugierig genug machen, um stehen zu bleiben.

Leffers, Oldenburg ©Karin Ullrich

Entdecken! Erleben! Wohlfühlen!

Dabei spielen viele Faktoren eine Rolle. Schon das Schaufenster muss die Botschaft vermitteln: »Hier gibt es etwas zu entdecken, komm rein.« Hat der Kunde den Laden betreten, kommt es auf die Optik im Innenraum an. Welche Farben gibt es und wie wirken sie? Ist der Laden besonders gestaltet? Wirkt er modern oder scheint er schon etwas in die Jahre gekommen? Welche Lichtsituation findet der Kunde vor? Ist die Laufzone kerzengerade und der Kunde kann wie bei einem 100-Meter-Lauf »durchsprinten«? Oder gibt es Fokuspunkte, die den Kundenlauf stoppen?

Zeigen Sie beispielsweise traditionelles Handwerk in Ihrem Laden. Ein Polsterer, ein Schneider oder ein Schuster darf raus aus seinem Kämmerchen. Das wird Aufmerksamkeit erregen. Da muss man doch einfach stehen bleiben und zusehen. Gibt es Ruhezonen oder gar eine kleine Cafébar, die den Kunden länger verweilen lassen? »Hospitality«, also Gastfreundschaft, ist das aktuelle Zauberwort. Es kommt aus der Hotellerie: den Kunden umsorgen, hegen und pflegen – vom Logo bis zum Lager.

FAZIT: Fühlt sich der Kunde wohl, wird er sich länger aufhalten, mehr Produkte entdecken und bestenfalls auch mehr kaufen.

FRAGEN SIE SICH:

- **Wie ist die Aufenthaltsqualität in unserem Store zu bewerten?**
- **Gibt es genug zu entdecken, damit unsere Kunden länger verweilen?**

1 Vgl. Interview mit Claudia Engel-Hutner zur Studie von Hutner Training / Umdasch Shop Consult in: Umdasch Shop Concept: Shop aktuell special 110, 2012, S. 3.

1.2 VERKAUFSKONZEPTE
KURATIERTER KONSUM

Marché Mövenpick Deutschland GmbH
©Karin Wahl

Woher sollen Kunden wissen, was sie wollen, wenn man ihnen in den Geschäften nicht zeigt, was sie wollen? Viele von ihnen haben keine Zeit oder sind angesichts einer riesigen unüberschaubaren Warenmenge überfordert, eine Entscheidung zu treffen. Kunden mögen es, wenn man ihnen diese Vorauswahl abnimmt – und genau das tun Läden, die ihnen bewusst gewählte Warenbilder bieten und auf diese Weise in bestimmte Welten entführen. Ein Kurator trägt mit großer Sorgfalt bestimmte Dinge zusammen und entwirft einen Plan, wie er sie optimal präsentieren kann. Genauso sollte es in Ihrem Unternehmen sein. Welche Produktgruppen passen zusammen? Wie erleichtern Sie es dem Kunden, Dinge zu entdecken, die zu dem eigentlichen Produkt, das er haben wollte, passen?

Begehrlichkeit statt Beliebigkeit.
Eigentlich wollte ich in der Raststätte an der Autobahn nur eine Flasche Wasser besorgen. Und dann stand ich vor interessant gestalteten Präsentationstischen aus alten Holzkabelrollen und antiken Möbeln, bestückt mit besonderen Geschenkartikeln. Ein Tisch für Kinderspielzeug, ein Tisch mit regionalen Leckereien und ein Tisch mit erlesenen Weinen. Alles liebevoll inszeniert mit Karo- und Pünktchendecken und in schönen Körben und Kisten – und schon fiel mir ein, dass ich noch ein Geschenk für mein Patenkind brauchte und für die nächste Grillparty doch auch gleich etwas mitnehmen könnte. Es wurde mir so leicht gemacht und es war eine richtige Freude, all die schönen Dinge zu entdecken.

FAZIT: Bei einem kuratierten Sortiment werden Produkte für den Kunden vorselektiert, um ihm die Auswahl zu erleichtern.

FRAGEN SIE SICH:

- **Schaffen wir mit unseren Produkten Welten?**
- **Oder bieten wir unsere Produktgruppen eher herkömmlich an und sollten das ändern?**

Verschiedene Produktgruppen gekonnt gemixt Leffers, Oldenburg ©Karin Ullrich

DER CONCEPT STORE

Wikipedia sagt: »Der Begriff concept store (engl.) bezeichnet im Einzelhandel einen Laden mit einer ungewöhnlichen Kombination von Sortimenten und Marken. Concept Stores vertreten eine moderne Auffassung von erlebnisreichem Einkaufen und Kundenbindung.«

Die steigende Zahl dieser Stores hat sicherlich auch damit zu tun, dass so manches konventionelle Ladenkonzept an Attraktivität verloren hat. Die Mix-Möglichkeiten sind vielfältig: Mode mit Büchern, Mode mit Geschenkartikeln, Mode mit Home-Accessoires und so weiter. Mode muss dabei auch nicht immer eine Rolle spielen. Es gibt genügend Konzepte, die verschiedene Warengruppen aus dem Bereich »Hartware« mixen, wie zum Beispiel der Butiq Concept Store. Er kombiniert Wohnen mit Lifestyle, Accessoires mit Feinkost und Beauty mit Büchern und Reiseutensilien – und das in einer entspannten Atmosphäre. Die Produkte wechseln und somit gibt es immer wieder einen neuen Anreiz vorbeizuschauen. Schaffen Sie auch einen »Öfter-mal-gucken-Ort«!

Die Nische ist das neue Normal.
Machen Sie aus Ihrem Laden einen Concept Store. Erweitern Sie Ihre Produktpalette um ein neues Sortiment. Vielleicht wählen Sie dafür sogar ein eher ungewöhnliches oder unerwartetes Sortiment, um eine zusätzliche Zielgruppe anzusprechen. Das ist spannend und wird gerne weitererzählt. »Hast du schon gehört, dass es jetzt im Buchladen auch Weine und Feinkost gibt?« Bieten Sie Ihren Kunden einen weiteren Grund wiederzukommen und zeigen Sie ihnen, dass Sie sie ständig neu überraschen möchten. Nur so bleiben Ihre Kunden neugierig und werden öfter vorbeischauen. Das bedeutet natürlich auch, dass Sie sich weiteres Produktwissen aneignen und die Präsentation entsprechend anpassen müssen. Aber wie heißt es so schön: »Wo ein Wille ist, ist auch ein Weg.« Und beim Kunden bleiben Sie im Gespräch!

FAZIT: Ein Concept Store bietet einen Mix aus unterschiedlichen Produktgruppen an. Je ungewöhnlicher der Mix, desto interessanter.

FRAGEN SIE SICH:
- **Könnten wir unsere Produktpalette erweitern?**
- **Wenn ja, in welche Richtung?**

DER POP-UP-STORE

Das Wort »Pop-up« ist mir erstmalig in meiner Kindheit im Zusammenhang mit besonderen Büchern begegnet. Man schlägt eine Seite auf und es entfaltet sich sofort eine bunte Welt aus Papier, die sich dreidimensional aufblättert und ungewöhnliche Geschichten preisgibt. Das hat mich schon damals fasziniert.

In der heutigen Einzelhandelslandschaft, speziell in kleineren Städten, wird man immer häufiger mit Leerstand konfrontiert. Dieser könnte mit sogenannten Pop-up-Stores – temporären Kurzzeitläden, die an ungewöhnlichen Orten »aufpoppen« – vorübergehend bespielt werden. Das geschieht häufig in leeren Verkaufsräumen, in denen mit einfachen Mitteln und unter Nutzung der vorhandenen Gegebenheiten kurzfristig bestimmte Warengruppen ausgestellt werden. Dies kann ein spezielles Sortiment oder ein limitierter Lagerverkauf sein. Die zeitliche Begrenzung macht das Angebot attraktiv, da dadurch der »Jagdinstinkt« der Kunden geweckt wird.

Es sind immer die einfachsten Ideen, die außergewöhnliche Erfolge haben.
Leo N. Tolstoi

Für die Produktinszenierung lassen sich einfache kostengünstige Warenträger nutzen, zum Beispiel Möbel vom Flohmarkt, Kisten, Böcke, Bretter aus dem Baumarkt als Tische oder Kellerregale als Rückwandmodule. Je ungewöhnlicher, desto besser.

©kplus konzept GmbH

Auffallen um jeden Preis und sich unbedingt von den Nachbarn abheben. Die Kosten sind relativ gering und da in der Regel kein langfristiger Mietvertrag abgeschlossen werden muss, kann dieses Konzept auch genutzt werden, um ungewöhnliche Dinge auszuprobieren. Wichtig ist, dass der Store intensiv beworben wird, um möglichst viele Neugierige zu erreichen. Schon die Art des Stores und der Slogan müssen besonders sein, damit sich das blitzschnell herumspricht und in den sozialen Medien möglichst oft geteilt wird.

FAZIT: Ein Pop-up-Store ist ein kurzfristiger provisorischer Laden, der vorübergehend in leerstehenden Geschäftsräumen betrieben wird und sich für das Ausprobieren besonderer Konzepte eignet.

FRAGEN SIE SICH:

- **Würde sich bei uns in der Nähe die Möglichkeit eines Pop-up-Stores bieten?**
- **Wie könnten wir die Idee umsetzen?**

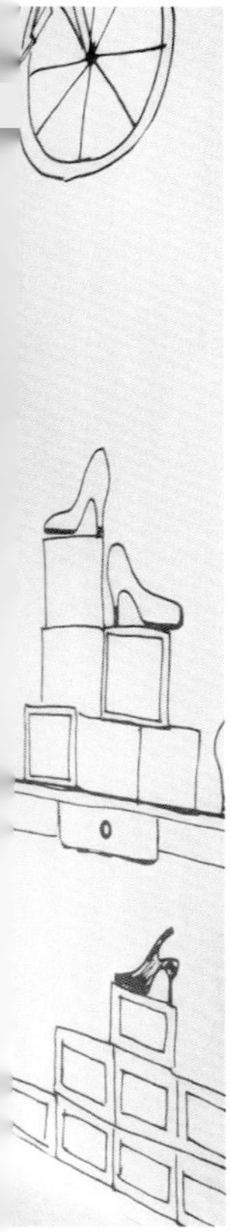

1.3 KUNDE, WER BIST DU?
ZIELGRUPPE UND KAUFVERHALTEN

Viele Ladenbesitzer, deren Kundschaft schon etwas älter ist, glauben, sie würden diese mit einer modernen Präsentation nur vergraulen. Sie tun sich schwer damit, etwas zu ändern. Aber ist das wirklich so? Okay, ein Spielzeugladen spricht eine andere Käuferschicht an als ein Sanitätshaus. Doch selbst in Sanitätshäusern kaufen auch junge Leute ein, die zum Beispiel eine Sportbandage benötigen und eine gute Beratung brauchen. Und was ist verkehrt daran, gerade ältere Menschen mit schönen Bildern zu beeindrucken? Gerne passen Sie Ihr äußeres Erscheinungsbild an Ihre Zielgruppe an. Doch das darf durchaus modern sein und neugierig machen. Analysieren Sie Ihre Zielgruppe (welche Altersstruktur, welche Bedürfnisse, welche Vorlieben). Überlegen Sie dann, wer als zusätzlicher Kundenkreis infrage kommen könnte und mit welchen Bildern man diesen ansprechen kann. Überdenken Sie dies von Zeit zu Zeit und passen Ihre Warenpräsentationen dementsprechend immer wieder an.

Man sagt, dass nur bis zu 30 Prozent der Einkäufe Bedarfskäufe sind, bei den übrigen 70 Prozent handelt es sich um Impulskäufe. Die meisten Kaufentscheidungen werden erst im Laden getroffen. Und genau das ist der Ansatz für Ihre Präsentation. Packen Sie Bedarfsware oder Ihre Stammabteilung (weshalb der Kunde in den meisten Fällen gekommen ist) in den hinteren Bereich und begrüßen Sie Ihren Kunden vorne mit besonderen Stücken aus Ihrer neuen Kollektion - und das natürlich mit einer hinreißenden Inszenierung. Das löst spontane Kaufimpulse aus. Machen Sie es wie die Supermärkte. Vorne die Obst- und Gemüseabteilung für das wunderschöne bunte Bild am Eingang, hinten die Bedarfsartikel, die man immer wieder braucht und für die der Kunde den langen Weg in Kauf nimmt.

Schönheit liegt im Auge es Betrachters. Thukydides (um 454-396 v. Chr.)

FAZIT: Passen Sie Ihr optisches Erscheinungsbild Ihrer Zielgruppe an. Unterscheiden Sie zwischen Bedarfskauf und Impulskauf.

FRAGEN SIE SICH:

- **Sind wir mutig genug, den Kunden auch einmal ein frischeres Bild zu bieten?**
- **Gibt es genügend Anreize für einen Impulskauf?**

DER ERSTE EINDRUCK

Ich war neulich in einer Buchhandlung und wollte ein Buch bestellen. Als ich den Laden betrat, sah ich mich zu meiner Überraschung mit halbleeren Regalen konfrontiert. »Werden Sie schließen?« Eine berechtigte Frage, wenn man ein Buch bestellt! Die Antwort hat mich sehr erstaunt: »Nein, nein, ich habe nur bald Inventur und da wollte ich nicht so viel zählen!« So, so, der Buchhändler möchte mir als Kundin kein ansprechendes Bild mehr bieten, weil das für ihn bequemer ist. In einer Zeit, in der das eine oder andere Geschäft schließen muss, ist das sehr gefährlich. Eine Studie sagt, dass innerhalb von drei Sekunden drei Dinge bewusst und sieben Dinge unbewusst wahrgenommen werden. Mein Gehirn hatte also in dieser Buchhandlung sofort registriert: »Leere Regale = Schließung!« Außerdem stand noch eine Vielzahl von Kartons und ausrangierten Warenträgern im Weg. Ich habe das Buch zwar dort bestellt – aber ich bin auf der Suche nach einem neuen Buchladen!

Die Macht des ersten Eindrucks darf nicht unterschätzt werden.
Setzen Sie sich die Kundenbrille auf. Machen Sie sich bewusst, welchen Eindruck jemand bekommt, der zum ersten Mal Ihren Store besucht. Ware und Umfeld werden als Gesamtes wahrgenommen. Seien Sie kritisch. Angeschlagene Ecken, abgeblätterte Farbe und unaufgeräumte Regale werden unbewusst sofort auf Ihr Image übertragen. Und dann die Lagertür! Ich habe in meiner Laufbahn schon sehr viele offen stehen sehen, mit all den wundersamen Dingen, die sich dahinter verbergen. Natürlich müssen Sie immer wieder rein und raus, da lohnt es sich kaum, die Tür zu schließen. Doch, unbedingt! Keiner lässt doch zu Hause seinen Putzschrank offen stehen. Wer sich perfekt präsentieren möchte, muss dies konsequent vom Eingang bis in die hinterste Nische tun. Das reicht von den berühmten toten Fliegen im Schaufenster bis hin zur offenen Lagertür.

FAZIT: Der erste Eindruck bleibt bestehen! Man muss seinen Laden immer wieder mit dem Blick des Kunden betrachten.

FRAGEN SIE SICH:

- **Haben sich bei uns sogenannte Störer eingeschlichen?**
- **Nehmen wir uns auch genügend Zeit, diese zu entfernen?**

Es gibt keine zweite Chance für den ersten Eindruck.
© DFROST für Swarovski, Crystal Lab Concept, Dubai

REIZÜBERFLUTUNG

©Karin Wahl

Wer schon einmal in Spanien in einer Tapasbar war, weiß, wovon ich rede: Gefühlt 50 verschiedene Tapas stehen dort auf der Menütafel und jede einzelne klingt ausnehmend lecker. Zu viel Auswahl macht unglücklich! Der Mensch denkt nicht gerne. Und da fällt es schwer, beim Einkaufen auch noch ununterbrochen überlegen zu müssen, für was man sich entscheiden soll. Wissen Sie eigentlich, wie viele Entscheidungen wir am Tag treffen? Laut Verhaltensforschern sind es im Schnitt circa 20.000 (zwanzigtausend!). Viele Entscheidungen spielen sich im Unterbewusstsein ab. Ein Beispiel: Das Telefon läutet und Sie gehen ran. Aber Sie müssen auch nicht rangehen oder Sie tun es später, nachdem Sie den Stift zur Seite gelegt haben.

Helfen Sie Ihrem Kunden bei seinen Entscheidungen. Das beginnt schon bei der Präsentation. Zeigen Sie nicht zu viel auf einmal, sondern vielleicht nur Ihre Empfehlungen. Man nennt dies auch »künstliche Verknappung«.

Less is more!

Strukturieren Sie Ihren Laden, versetzen Sie sich in Ihren Kunden. Was könnte ihn überfordern und an welcher Stelle ist er dankbar, wenn Sie ihm ein einfaches Bild bieten? Unruhe bedeutet Stress. Verwandeln Sie Ihr Geschäft vom Lagerhaus in eine Bühne. Selbst Stammabteilungen, beispielsweise die Kissenabteilung im Möbelhaus, sollten unbedingt eine optische Ruhe ausstrahlen. Kissen in allen Farben irritieren und überfordern. Hier ist Visual Merchandising ganz wichtig, um das Gesamtbild attraktiv zu machen. Benutzen Sie optische Unterbrecher, zum Beispiel neutrale silberne Vasen, oder entfernen Sie einzelne Kissen in lauten Farben, die das Bild unruhig machen. Gruppieren Sie diese zum Beispiel zu einem eigenen Thema wie Gartenparty oder Ähnliches.

FAZIT: Über den Tag verteilt müssen wir alle sehr viele Entscheidungen treffen. Deshalb empfiehlt es sich, dem Kunden einfache, stresslose Bilder zu bieten.

FRAGEN SIE SICH:

- **Herrscht bei uns optische Unruhe?**
- **Wie könnten wir das Bild einfacher gestalten?**

© Karin Wahl

1.4 WIE IST DEIN WEG?
VON AUSSEN NACH INNEN

Einen Laden neu entdecken, das ist fast so, als würden wir einen Menschen neu kennenlernen. Das Erste, mit dem wir konfrontiert werden, ist das Äußere. Es wird innerhalb kürzester Zeit eine Entscheidung getroffen. Gefällt mir, möchte ich näher kennenlernen oder: gefällt mir nicht, lieber weitergehen. Haben Sie schon einmal etwas von den somatischen Markern gehört? António Damásio, ein portugiesischer Neurowissenschaftler, erforschte, wie wir Entscheidungen treffen. Wir speichern Gegebenheiten und Erfahrungen und nutzen diese, um sofort sagen zu können, ob uns etwas gefällt oder nicht. Dieses Muster stammt wohl noch aus Urzeiten, als die Menschen blitzschnell zwischen Freund und Feind entscheiden mussten. Deshalb muss dem ersten Kontakt mit Ihrem Unternehmen ganz besonders viel Aufmerksamkeit geschenkt werden.

Wie wirkt mein Laden aus der Ferne? Wie die Umgebung? Wie sieht die Fassade aus? Wie wirkt sie auf Passanten, die Kunden werden sollen? Muss sie vielleicht neu gestrichen werden? Wie sieht es vor dem Schaufenster aus? Gras findet ja sogar durch Beton seinen Weg. Im Garten gerne, vor einem Laden wirkt es eher unordentlich. Dann schon lieber die klassischen Blumenkübel als Willkommensgruß aufstellen. Das ist vielleicht nicht die neueste Idee, aber auch das kann man kreativ angehen. Ein Fahrrad vor der Tür, im Körbchen vorne und auf dem Gepäckträger ein paar Pflanzen – dieses Arrangement könnte schon originell aussehen und verspricht ein ungewöhnliches Ladenkonzept.

Wir sind Tiere. Unser erster Instinkt, wenn wir etwas Schönes sehen, ist, es zu fressen.
Douglas Coupland

FAZIT: Der wichtige erste Kontakt mit einem Laden findet schon aus großer Entfernung statt. Hier entscheidet sich, ob jemand stehen bleibt oder weitergeht.

FRAGEN SIE SICH:

- **Wann haben wir uns unseren Laden zuletzt bewusst aus großer Entfernung angeschaut?**
- **Ist das Bild ansprechend genug oder muss etwas getan werden?**

DAS SCHAUFENSTER

Gibt es eigentlich noch Menschen, die gerne den guten alten »Schaufensterbummel« machen? Oder kennen Sie die »Schaufensterkrankheit«, bei der die Beine schwer werden, weil man zu lange vor den Auslagen steht? Die Schaufenster in den großen beliebten Einkaufsstraßen werden immer austauschbarer und somit kaum noch wahrgenommen. Und natürlich kann man sich schon fast alles vom Sofa aus im Internet bestellen. Aber was ist, wenn ich mir eine persönliche Fachberatung wünsche? Wie finde ich dann das richtige örtliche Fachgeschäft? Wo bin ich gut aufgehoben und wer präsentiert sich so, dass ich mich angesprochen fühle? Das Schaufenster ist die Visitenkarte und der Imageträger. Mit ungewöhnlichen und gefühlvollen Inszenierungen, die positiv im Gedächtnis bleiben, werden sich Passanten an Sie erinnern und Kunden kommen wieder. Originelle Konzepte werden wieder der Grund dafür sein, dass »die Beine schwer werden« und sich ein »Bummel« lohnt!

Nur ungewöhnliche Schaufenster locken noch.

Das Schaufenster ist außerdem im Vergleich zu allen anderen Werbemaßnahmen der günstigste Werbeträger. Und man darf nicht vergessen, dass Sie Ihre Botschaft rund um die Uhr übermitteln können. Sie sind also mit Ihrem Schaufenster genauso »online« wie das Internet: 24 Stunden, 7 Tage die Woche! Es muss nur richtig bespielt werden. Neugierig machen, Emotionen versprühen, Besitzwünsche wecken, Lust machen, den Laden zu betreten. Deshalb darf die kreative Gestaltung des Schaufensters auf keinen Fall vernachlässigt werden. Doch wie geht das eigentlich? Mit dem richtigen Know-how wird das Schaufenster zum Lockmittel und somit auch zum Türöffner für Ihren Laden.

FAZIT: Überraschen und verblüffen Sie mit einem spannend inszenierten Schaufenster.

FRAGEN SIE SICH:

- **Wie sehen unsere Schaufenster aus?**
- **Geben wir uns genug Mühe, sie attraktiv zu gestalten?**

Domagoj Mrsic sayonara-visual-concepts für Franzen ©Uschi Fellner

DER EINGANGSBEREICH

Es gibt »Kundenstopper« in Form von Gehwegaufstellern und es gibt »Wühltruhen«. Diese schönen Möbel hat irgendwann jemand erfunden, um Kunden auf das Geschäft aufmerksam zu machen und seine Waren anzupreisen. In bestimmten Situationen haben sie auch ihre Berechtigung, aber bitte stellen Sie nicht den Eingangsbereich damit voll. Hier wird der Kunde begrüßt und hier entscheidet sich alles. Wie die Startseite Ihrer ansprechenden Internetseite, auf der Sie ja auch nicht alle Informationen geballt präsentieren, muss der Eingang nur eine Botschaft ausstrahlen: »Ich heiße dich willkommen, hier sollst du dich wohlfühlen!« Eine schöne Fußmatte in einer besonderen Farbe und genügend Licht unterstützen diesen Ansatz. Ihre Internetseite wird ja auch hell genug sein.

Vor dem Laden entscheidet sich, ob aus einem Passanten ein Kunde wird.
Hat sich der Passant entschieden, Ihren Laden zu betreten, muss er natürlich weiterhin »gebauchpinselt« werden, damit er nicht umkehrt. Informationen sollte er da vorfinden, wo es notwendig ist. Schilder wie »Nicht essen«, »Nicht trinken«, »Keine Hunde« schrecken wohl eher ab. Ich habe auch schon schöne, selbst gemalte durchgestrichene Döner und Hotdogs auf Schildern gestehen. Auf die Frage hin, ob diese kreative Gestaltung denn geholfen hätte, mussten die Mitarbeiter gestehen, dass dies nicht der Fall war. Also, besser darauf verzichten und die Kunden lieber freundlich auf die Gebote hinweisen. Zur leichteren Orientierung kann in größeren Geschäften gerne eine Informationstafel aufgestellt werden: »Wo finde ich was?« Und wenn dann noch ein ansprechender Präsentationstisch mit besonderen Ideen und interessanten Produkten im Anschluss an den Eingangsbereich aufgestellt wird, kann doch jeder sofort in Ihre Welt eintauchen. Hier wird Ihr Kunde stoppen – und das ganz ohne »Kundenstopper«!

FAZIT: Der Eingangsbereich muss freundlich gestaltet sein und den potenziellen Kunden begrüßen. Nur dann wird er seinen Weg fortsetzen.

FRAGEN SIE SICH:

- **Wirkt unser Eingangsbereich freundlich?**
- **Überfordern wir die Ankommenden mit zu viel Information?**

Leffers, Oldenburg ©Karin Ullrich

2

HANDWERKSZEUG FÜR DEN AUFBAU

2.1 DIE AIDA-REGEL

In der Verkaufs- und Werbepsychologie taucht immer wieder die AIDA-Regel auf. Grundlagen für diese Regel wurden schon Ende des 19. Jahrhunderts festgelegt. Sie sind heute noch relevant für die Entwicklung vieler Werbestrategien. Die wichtigste Frage lautet: »Wie kann eine Kaufentscheidung beeinflusst werden?« Gerade bei der Inszenierung und Präsentation der Ware spielt die AIDA-Regel eine entscheidende Rolle.

Doch was verbirgt sich hinter dieser Regel? Die AIDA-Regel beschreibt die vier Phasen, die der Kunde durchlaufen soll, um letztlich einen Kauf zu tätigen. Dabei steht jeder Buchstabe für den Anfangsbuchstaben der vier Werbeziele.

PHASE 1	**A**	ATTENTION	Aufmerksamkeit erregen
PHASE 2	**I**	INTEREST	Interesse wecken
PHASE 3	**D**	DESIRE	Wunsch auslösen
PHASE 4	**A**	ACTION	Kaufabschluss

Wie kann ich nun auf der Grundlage dieses Stufenmodels meine Warenpräsentation aufbauen?

A (attention): Kunde wird angelockt mit einem Blickfang beziehungsweise einem »Eyecatcher«. Dies wird am ehesten unterstützt mit Licht, lauten Farben, ungewöhnlichen Formen und Schrifttypen sowie originellen Abbildungen oder Bewegung.

Beispiel: Ein pinkfarbenes Plakat, auf dem steht: »Feste feiern!«

I (interest): Kunde bleibt stehen, da sein Interesse geweckt wird: durch Anregungen, Anbieten von Problemlösungen, Betonung von Vorteilen. Die Produkte überzeugen also nicht nur durch ihre Optik; hier werden zusätzlich Informationen angeboten, die sie noch wertvoller machen.

Beispiel: Die Tischdecke ist bügelfrei und das Geschirr kann in die Spülmaschine.

D (desire): Beim Kunden wird der Kaufwunsch ausgelöst durch: Ansprechen von Gefühlen, Träumen, Hoffnungen, Betonung von Nutzen, verlockende Bildmotive. Dem Kunden wird aufgezeigt, wie er sich mit den neuen Produkten fühlen wird und wie das seinen Lifestyle unterstreicht.

©DFROST für essence Maker Shop, Pop Up, Berlin

Beispiel: Foto von lachenden und fröhlichen Menschen, die eine Party feiern.

A (action): Kaufabschluss wird getätigt, wenn Vorteile überwiegen, zusätzliche Dienste mitangeboten werden und der Kunde durch den Kauf Bestätigung findet.

Beispiel: Kunde bekommt noch weitere Vorteile wie zum Beispiel Umtauschrecht, kostenlose Lieferung oder Preisnachlass durch Kundenkarte.

FAZIT: Wenn die vier Phasen der AIDA-Regel miteinbezogen werden, ist die Chance, dass der Kunde einen Kaufabschluss tätigt, wesentlich höher.

FRAGEN SIE SICH:

- **Arbeiten wir gemäß der AIDA-Regel?**
- **Wenn nein: Wie könnte sie Anwendung finden?**

2.2 AUFBAUPRINZIPIEN

Erst wenn ein Friseur alle Schnitttechniken beherrscht, kann er entscheiden, welche Technik bei welchem Haar und bei welchem Kunden sinnvoll ist. Hat er mit der Zeit Sicherheit gewonnen und verfügt über genügend Erfahrung, kann er diese Grundtechniken auch einmal für einen ungewöhnlichen Schnitt vernachlässigen, um etwas Neues auszuprobieren. Beim visuellen Verkaufen ist es eigentlich genauso. Das professionelle Präsentieren erleichtert es dem Kunden, die Warenbotschaft schneller zu erfassen und sich besser zu orientieren. Deshalb gibt es ein paar gestalterische Grundregeln, die angewendet werden sollten, um eine ansprechende Präsentation herzustellen. Es reicht nicht, Produkte einfach nur irgendwie hinzustellen. Vor dem Aufbau müssen Sie Entscheidungen treffen, wie die Ware aufgebaut wird und welches Arrangement sich für welche Produktgruppe am besten eignet. Hierbei helfen Ihnen die verschiedenen Aufbauprinzipien. Damit können Sie den Blick des Kunden leiten. Es kann dadurch entweder eine optische Ruhe oder - im Fall einer höheren Warendichte - eine sinnvolle Struktur erreicht werden.

Basiswissen erleichtert den Aufbau.
Beim dynamischen Tannenbaumprinzip wird die Ware in Form einer Pyramide oder eines Tannenbaums aufgebaut. Das bedeutet: Große, auffällige Produkte stehen in der Mitte und dienen als Blickfang; zu den Seiten hin werden niedrigere Produkte aufgestellt. Beispiel: Auf einem Tisch stehen hohe Vasen mittig, die kleineren stehen rechts und links davon. Dies ist für das Auge gefälliger und erzeugt eine optische Ruhe. Das gilt sowohl für eine Schaufenstergestaltung als auch für eine Tischpräsentation im Store.

©Carina Buhlert

Beim eher statischen Reihungsprinzip werden gleiche Produkte gleichmäßig in einer Reihe aufgestellt. Das können zum Beispiel Tassen und Teller hintereinander sein oder Kissen, die nebeneinander in Reih und Glied aufgebaut sind. Dieses Prinzip nutzt man, wenn noch mehr optische Ruhe in einem Aufbau gewünscht wird. Es kann sowohl im Schaufenster als auch bei einer Tischpräsentation oder im Regal angewendet werden. Es könnte sogar einem gewissen Rhythmus folgen (zum Beispiel klein - groß - klein - groß), wenn er konsequent gespielt werden kann. Alternative: Die höhere Reihe befindet sich in der Mitte und die niedrigen Reihen stehen zu den Seiten wie beim Tannenbaumprinzip.

©Carina Buhlert

Dann gibt es noch das Colorblocking. Dieses wird genutzt, wenn eine Vielzahl gleicher Artikel in unterschiedlichen Farben präsentiert werden soll, zum Beispiel ein komplettes Kaffeeservice in Unifarben. Vor allem bei der Präsentation im Regal ist es wichtig, dass eine optisch ruhige Struktur geschaffen wird, sonst ist der Betrachter schnell überfordert und wendet sich ab. Man arbeitet deshalb mit vertikalen Farbblöcken. Horizontal wird das Regal mit dem jeweils gleichen Produkt bestückt, also zum Beispiel der Tasse. Man beginnt links mit der hellsten Farbe und endet rechts mit der dunkelsten. Oben startet man mit den kleineren Produkten, nach unten werden sie größer.

©Carina Buhlert

FAZIT: Für einen professionellen Warenaufbau sollten verschiedene Grundregeln berücksichtigt werden, zum Beispiel die Aufbauprinzipien.

FRAGEN SIE SICH:

- **Sind uns diese Prinzipien bekannt?**
- **Könnten sie uns helfen, den Warenaufbau besser zu strukturieren?**

2.3 UMGANG MIT FARBE

Wenn wir irgendwo ein rotes Plakat sehen, denken wir sofort: »Ah, da gibt es etwas billiger!« Inzwischen sind wir schon so konditioniert, dass die Farbe Rot gar keinen anderen Spielraum mehr lässt. Früher musste man noch »Ausverkauf« dazuschreiben, das ist heute gar nicht mehr nötig. Jede Farbe löst unbewusst eine Assoziation und eine Empfindung beim Menschen aus. Das ist abhängig vom Kulturkreis und den jeweiligen persönlichen Erlebnissen, die man mit Farben gemacht hat. Daher wird in diesem Zusammenhang auch von Farbpsychologie gesprochen. Farben wirken im Unterbewusstsein, beeinflussen unsere Gefühle und können auf seelische Vorgänge Einfluss nehmen.

Jede Farbe ist mit einer Symbolik belegt:

FARBE	SYMBOLIK	WIRKUNG
GELB	Wärme, Kraft	Leicht, sonnig, heiter
ORANGE	Wärme, Freude, Ausdauer	Aufbauend, ausgleichend
ROT	Aktivität, Dynamik, Leidenschaft	Stimulierend, aktiv
VIOLETT	Reife, Mystik, Magie	Magisch, ausgleichend
BLAU	Ruhe, Freundlichkeit, Frische	Kalt, sauber, entspannend
GRÜN	Hoffnung, Ruhe, Natürlichkeit	Beruhigend, natürlich
SCHWARZ	Auflehnung, Trauer, Einengung	Schwer, geheimnisvoll, feierlich
WEISS	Ordnung, Unschuld, Leichtigkeit	Leicht, rein, steril, illusionär

Es gibt drei Grundfarben - Gelb, Rot, Blau - und drei Mischfarben - Orange, Violett und Grün. Die Farben, die sich im Farbkreis gegenüberliegen, haben den höchsten Kontrast zueinander. Werden sie zusammen eingesetzt, haben sie eine auffallende Wirkung. Soll die Gestaltung ruhiger und stimmiger sein, dann sollte mit Farbfamilien gearbeitet werden, wie zum Beispiel mit verschiedenen Rottönen aus dem Spektrum Orange, Rot, Violett. Schwarz oder Weiß können zum Neutralisieren eingesetzt werden.

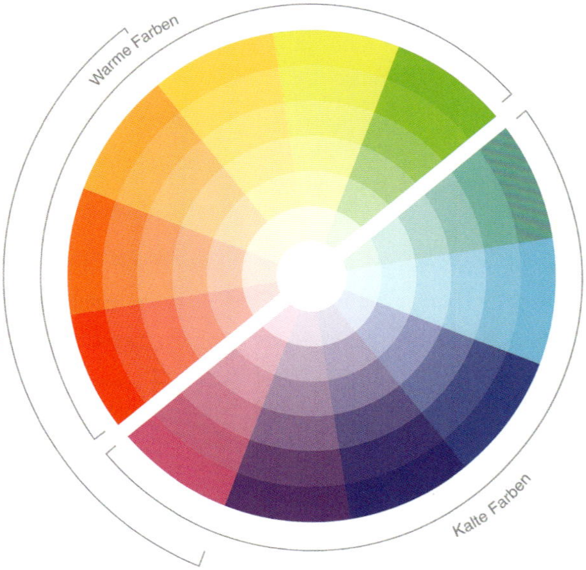

©Car na Buhlert

Wenn Farben miteinander kombiniert werden, ist dies eher eine subjektive Entscheidung und wird meistens von der Wahrnehmung »Gefällt mir« oder »Gefällt mir nicht« bestimmt. Beim Thema Warenaufbau werde ich später noch einmal darauf eingehen.

FAZIT: **Farbe spielt bei der Gestaltung und bei der Produktauswahl für einen Warenaufbau eine große Rolle, da jede Farbe mit einer bestimmten Symbolik belegt ist.**

FRAGEN SIE SICH:

- **Wie gehen wir mit Farben um?**
- **Setzen wir sie und ihre Wirkungen bewusst ein?**

2.4. KONTRASTE

Immer wenn Dinge in der visuellen Wahrnehmung gegeneinander stehen und wir einen starken Unterschied feststellen, spricht man von einem Kontrast. Wenn mitten in einer Schafherde mit weißen Schafen plötzlich ein schwarzes steht, blickt man doch unweigerlich dorthin. Auch ein interessanter Warenaufbau muss ins Auge stechen. Deshalb sollte mit Kontrasten gespielt werden. Ein interessanter Kontrast zieht die Blicke auf sich und macht neugierig. Diese Kombination braucht jedoch viel Feingefühl. Zu viel Kontrast kann unruhig wirken, während zu wenig schnell langweilig erscheinen kann.

Kontraste erhöhen die optische Spannung.
Es gibt nicht nur Farbkontraste, sondern viele weitere in Bezug auf Materialien, Muster und Formen:

KONTRASTE	BEISPIEL
GLATT – RAU	Weißes Porzellan mit groben Servietten
GLÄNZEND – MATT	Glänzende Vasen auf stumpfem Untergrund
GROSS – KLEIN	Großer Ordner, kleine Stifte
ECKIG – RUND	Runder Teller auf eckigem Tischset
NEU – ALT	Moderne Vase auf altem Tisch
DUNKEL – HELL	Dunkle Umgebung, punktuell angeleuchtete Objekte

FAZIT: Nicht nur die richtige Farbe hat eine große Wirkung, auch bewusst eingesetzte Kontraste erhöhen die optische Spannung.

FRAGEN SIE SICH:

- **Ist uns die Wirkung von Kontrasten bewusst?**
- **Probieren wir ungewöhnliche Kontraste im Schaufenster und beim Warenaufbau aus?**

Perfektes Kontrastspiel
©RICE

©Beck, München

3

SCHAUFENSTER SCHÖN GEMACHT

Unauffällige Produkte auffällig inszeniert
©Brillen Hallerbach KG

3.1 WAS? WO? WIE?

Schön ist nur, was von der Norm abweicht. Hans Werner Henze

Ich mache immer noch gerne Schaufensterbummel. Bei einem meiner Spaziergänge fiel mir ein sehr kreatives und ungewöhnliches Schaufenster auf: viele kleine Holzfigurinen in Kombination mit Brillen. Der Kontrast (mattes Holz mit glänzenden Brillen) und die Figuren, die viele Geschichten erzählen, machten dieses Schaufenster so besonders. Es gab Figuren, die kletterten, Figuren, die durch die Luft flogen, man konnte sich gar nicht satt sehen und entdeckte immer wieder etwas Neues.

Studien belegen: Je länger man vor einem Schaufenster stehen bleibt, umso eher wird man anschließend den Laden auch betreten.[2] Was zählt, ist die kreative Idee und die anschließende richtige Umsetzung. Dafür braucht es unbedingt ein gutes Konzept. Zuerst muss man sich diese Frage stellen: Welches Produkt will ich in den Fokus rücken? Gibt es eine Neuheit oder ein besonderes Thema, mit dem ich meine Kunden ansprechen möchte? Wenn mehrere Schaufenster zur Verfügung stehen: Wo will ich was präsentieren? Schaufenster sind unterschiedlich und die jeweilige Größe hat Einfluss auf das Konzept. Ein großes Schaufenster braucht größere beziehungsweise mehr Gestaltungselemente, bei einem kleineren Fenster genügt vielleicht nur ein Element als Eyecatcher.

Übrigens hat das Schaufenster rechts vom Eingang die höchste Aufmerksamkeitsspanne. Da wir in Europa über 80 Prozent Rechtshänder mit einem Rechtsdrall haben, kommen Kunden in der Regel von rechts und der Blick auf dieses Fenster ist in den meisten Fällen der erste Kontakt mit dem Unternehmen.

Zuletzt kommt natürlich die wichtigste (und meist auch schwierigste) Frage: Wie inszeniere ich eigentlich meine Produkte? Legen Sie sich einen Ideenordner an. Blättern Sie in Designzeitschriften oder suchen Sie im Internet nach interessanten Fotos. Nur ein originell gestaltetes Fenster macht neugierig. Humor, Kreativität und Fantasie wirken anziehend. Und wenn das Ergebnis so ungewöhnlich ist wie das Schaufenster des Optikers, bleibt man doch unweigerlich stehen, weil es eben nicht der Norm entspricht. Also: Werden Sie »Talk of the town«!

2 Vgl. Werbeforschung und Praxis, Shop aktuell 100, S. 6, zitiert in: Klaus Lach: Visionäres visuelles Marketing für den Point of Sale, Ladenbaumagazin 1/2011, S. 80.

Hier einige Beispiele für Fenster, die aus dem Rahmen fallen:

FRÜHJAHRSFENSTER	Müssen es immer Blumen sein? Wie wär's mit Liebesbriefen, die von der Decke hängen?
SOMMERFENSTER	Muss es immer ein Sonnenschirm sein? Wie wär's mit vielen Papierschiffchen im Fenster verteilt?
HERBSTFENSTER	Muss es immer Herbstlaub sein? Wie wär's mit vielen Gummistiefeln, die »durchs Fenster laufen«?
WEIHNACHTSFENSTER	Muss es immer ein grüner Tannenbaum sein? Wie wär's mit einem Tannenbaum aus Weinkisten?

Ist die Ware selbst schon ungewöhnlich und sticht ins Auge, wie zum Beispiel ein bunter Sessel, braucht es eventuell auch keinen zusätzlichen Eyecatcher. Vielleicht könnte es aber so aussehen, als ob der Sessel davonfliegt. Er hängt an unauffälligen Seilen, damit man den Eindruck hat, er schwebt. An seiner Armlehne werden mit bunten Bändern Luftballons befestigt, um dem Betrachter zu suggerieren, die Ballons tragen den Sessel. Fertig ist die Idee, die als Kundenstopper dient.

Inszenieren Sie die Ware in einem interessanten Farbenspiel. Werden Sie nicht zu bunt, aber auch nicht zu langweilig. Ausnahme: Das Konzept sieht vor, dass alles aus einer Farbwelt stammt, das Fenster »beruhigt« den Betrachter und nichts lenkt ab. Generell gilt: Warme Farben passen eher zu warmen, kalte eher zu kalten. Manchmal kann aber gerade die Mischung von warm und kalt einen spannenden Kontrast bilden. Es sollten jedoch nicht mehr als drei Farben miteinander gezeigt werden. »Nichtfarben« wie Schwarz und Weiß können jedoch zusätzlich als Unterbrecher dienen. Und denken Sie daran: Weniger ist mehr! Früher wollte man im Schaufenster gerne sein ganzes Sortiment zeigen, heute begeistert man die Kunden eher mit Themenwelten.

FAZIT: Was bei einem Schaufenster zählt, sind die Idee und die kreative Umsetzung, damit Passanten stehen bleiben.

FRAGEN SIE SICH:

- **Wie sind unsere Schaufenster gestaltet?**
- **Sind sie ungewöhnlich und erzählen Geschichten?**

Messe Frankfurt Exhibition GmbH ©Pietro Sutera

© DFROST für Victorinox, Special Product Launch Installation

3.2 BEIWERK

Die Gestaltungselemente sind das Salz in der Suppe! Manchmal ist der Geschmack schon so gut, dass es keine zusätzlichen Gewürze mehr braucht. Aber gerade bei kleineren Produkten, wie zum Beispiel Brillen, Schmuck oder Messern, kann ein passendes Dekorationselement optisch unterstützen und dient auch der Fernwirkung. Ihr Schaufenster soll schon von der gegenüberliegenden Straßenseite aus Aufmerksamkeit erregen (siehe AIDA-Regel). Spielen Sie mit originellen Sprüchen, ob als Klebeschrift auf der Scheibe oder an der Rückwand. Wählen Sie dafür einen ungewöhnlichen Schrifttyp aus – am besten einige verschiedene, das ist gerade sehr angesagt. Ist die Ware eher »farblos«, dürfen die Dekorationsmaterialien farbenfroher sein.

Kleine Podeste oder Ständer helfen bei der Präsentation. Verwenden Sie doch auch einmal Ihre Produkte als Gestaltungselement. Haben Sie beispielsweise ein Geschäft für Bürobedarf, stapeln Sie DIN-A4-Blätter so hoch wie ein Podest und legen hochwertige Füller darauf – schon ist eine ungewöhnliche Gestaltung entstanden. Bauen Sie einen Turm aus Kissen und legen Sie eine Erbse darauf – das erzählt doch sofort eine Geschichte. Setzen Sie, wann immer es geht, umweltfreundliche und recyclebare Materialien ein.

Für eine besondere Inszenierung besondere Gestaltungselemente einsetzen.

Auch die Art der Dekoration und die Dekoelemente unterliegen gewissen Trends. Bei der »Schwarmdeko« wird nur ein einziges Dekoelement als Eyecatcher genutzt, dieses jedoch mehrfach, wie die Holzfiguren im Schaufenster des Optikers. Im Fall von »Granny-Chic« liegen schöne alte Teppiche im Fenster oder man hängt eine urige »Oma-Lampe« dazu. Eine Wand, die mit einer nostalgischen Tapete tapeziert wurde, bildet einen schönen Kontrast zu modernen Produkten. »Urban Jungle« spielt mit ganz viel Grün in allen Varianten, das manchmal von der Decke hängt oder zu den Produkten gestellt wird. Verzichten Sie jedoch auf zu gewöhnliche und zu viele Dekorationsmaterialien. Weniger ist auch hier wieder mehr. Fehlt es Ihnen an Ideen oder an Zeit, diese umzusetzen? Dann geben Sie die Gestaltung doch in gute Hände, die nicht nur innovative Konzepte für Sie ausarbeiten, sondern Ihnen auch bei allem anderen »zur Hand« gehen.

FAZIT: Zusätzliche Dekorationsmaterialien sollen eine Inszenierung unterstützen. Sie müssen sorgfältig ausgesucht werden und dem Zeitgeist entsprechen.

FRAGEN SIE SICH:

- **Mit welchen Dekomaterialien arbeiten wir?**
- **Sind sie schon etwas in die Jahre gekommen oder leisten wir uns durchaus auch einmal etwas Besonderes?**

»STOP THINKING STORES. START THINKING STORIES!«

Der Wettbewerb im stationären Einzelhandel ist intensiv und der Strukturwandel setzt den Markt zunehmend unter Druck. Wir sprachen mit dem Retail-Experten Christoph Stelzer, Mitbegründer und Geschäftsführer von DFROST, über die aktuellen Entwicklungen.

Christoph Stelzer, 45, ist studierter Architekt. Nach Stationen in Architekturbüros sowie bei der db deutsche bauzeitung und seiner Arbeit als Dozent im Fachbereich »Architektur und Gestaltung« an der HfT in Stuttgart gründete er 2008 zusammen mit Nadine Frommer und seinem Bruder Fabian Stelzer die Stuttgarter Agentur für Retail Identity DFROST.

Herr Stelzer, was sind die aktuell größten Herausforderungen für Ihre Kunden, welche Probleme führen sie zu Ihnen?

Das ist zum einen sicherlich die fortschreitende Übersättigung: Die Notwendigkeit, sich mit seiner Marke und seinen Produkten in einem vergleichbaren Markt hervorzuheben, sie zielgruppengerecht zu adressieren und zu inszenieren, stellt für viele Kunden eine große Herausforderung dar. Eine weitere Schwierigkeit ergibt sich aus der zunehmenden Diversifizierung der Kommunikations- und Verkaufskanäle, die beispielsweise mit dem derzeit vorherrschenden Social-Media-Hype noch einmal sehr spezielle Inszenierungsanforderungen hervorgebracht haben. Und schließlich die steigenden und sich dabei stetig verändernden Kundenansprüche. Konsumenten lassen sich heute nicht mehr in sorgfältig abgegrenzte Zielgruppen trennen. Sie sind abgeklärt und dabei erlebnis-, luxus- und preisorientiert zugleich. Und: Sie agieren situativ – sowohl innerhalb ihrer Facetten als auch im Hinblick auf den Kanal, über den sie kaufen.

Was raten Sie Ihren Kunden also?

Konsum hat in unserer westlichen Welt oftmals nichts mehr mit Notwendigkeit zu tun, sondern wird über unsere Emotionen gesteuert. Der Kaufimpuls, der Haben-wollen-Gedanke ist meist aus dem Gefühl heraus getrieben und selten aus einem tatsächlichen Bedarf. Das emotionale »Want« ergänzt beziehungsweise

Funktion und Ästhetik im Fokus: Schaufensterbespielung mit maximaler Fernwirkung und optimalem »Staging« des kleinen Produkts (Victorinox, New Spartan © DFROST)

ersetzt das faktische »Need«. Damit werden insbesondere in Zeiten der Übersättigung Begehrlichkeiten und Kaufimpulse mehr denn je über »beyond product« geweckt, also weniger über die Ware selbst als vielmehr über Emotionen, Erfahrungen und Erlebnisse, die damit verbunden werden. Handel muss folglich immer mehr um den Kunden anstatt um ein Produkt herum konzipiert werden, oder anders formuliert: Der Point of Sale muss zum Point of Inspiration werden. Die Warenpräsentation ist dabei sicherlich nur ein Aspekt. Tatsächlich sollte ein Storeangebot vom Schaufenster über die komplette Instore-Kommunikation bis hin zum Marken-uniquen Merchandising mit allen Sinnen wahrnehmbar sein. Denn nur wenn die einzelnen Kanäle aufeinander verweisen, entfalten sie im Zusammenspiel ihre größtmögliche Wirkung. Der Schlüssel liegt in der Customer-Experience, also dem bestmöglichen Einkaufserlebnis für den Kunden. Wenn ich unseren Kunden einen Rat gebe, dann diesen: Stop thinking Stores. Start thinking Stories. Am Ende bedeutet das aber nichts anderes, als Räume für die Entfaltung von Kundenbedürfnissen zu kreieren.

Worin liegen diese Bedürfnisse?

Die eine Antwort auf Ihre Frage gibt es leider nicht, weil diese je nach Marktsegment und Kaufanlass unterschiedlich sind. Was wir aber ganz allgemein beobachten, ist eine zunehmende Anspruchshaltung in puncto Vorauswahl, Beratung, Service und Effizienz. Hier muss sich der Handel wieder mehr auf sein Handwerk besinnen. Einfach nur eine Jacke kaufen kann ich einfacher, bequemer und zumeist günstiger im Internet. Gerade hier kann der stationäre Handel als wichtiger Ort der Begegnung punkten. Weil der emotionale und tatsächliche Bezug zum Produkt weder online noch im Katalog dargestellt werden kann. Folglich gilt es, die überholten Modelle des Konsums aufzubrechen, den Kunden neu zu denken und ihm Angebote und Kontext zu unterbreiten, die sein Interesse wecken und seinen veränderten Anforderungen und Bedürfnissen gerecht werden. Das erfordert eine intensive Auseinandersetzung mit der Zielgruppe. Und zwar stetig. Selbst etablierte Unternehmen müssen sich mit originellen Ansätzen und faszinierenden Konzepten immer wieder neu behaupten. Schließlich sind Marken lebendige Systeme mit eigenem Charakter.

Gibt es für den Präsenzhandel Faktoren, die die Erfolgsaussichten erhöhen?

In allererster Linie eine klare Profilierung. Echte Marken haben Ecken und Kanten, dürfen polarisieren, müssen innovativ und überraschend sein. Aus der Vergleichbarkeit rauskommen, lautet die Devise. Dabei gilt: Je global austauschbarer die uns allgegenwärtigen Erscheinungsbilder sind, umso exakter muss die DNA einer Marke und umso individueller und mitunter auch lokaler müssen ihre Botschaften herausgearbeitet sein. Erst auf dieser Basis lassen sich strahlkräftige Ideen und Geschichten ersinnen, die es - um die Kunden zu umarmen und emotional einzufangen - von der Produktion über die Kommunikation bis hin auf die Bühne, sprich Fläche, zu spielen gilt. Wichtig ist die Kongruenz in der Marken- und Produktinszenierung, um eine hohe Wiedererkennung zu schaffen. Dabei darf das Ergebnis natürlich nie langweilen. Der Kunde soll schließlich staunen können!

Hohe Flexibilität der Kampagnenkommunikation durch austauschbare Panels: Brand-Cube als Basis für saisonale Bespielung mit neuen Produkten und Visuals (neubau eyewear, VM Tool Set © DFROST)

Welche Art von Kunden kommt typischerweise mit welchem Bedarf auf Sie zu?

Wir haben das Glück, für wirklich großartige Marken arbeiten zu dürfen! Das sind zeitgenössische Newcomer ebenso wie etablierte High-End-Labels. Die meisten davon sind große, rund um den Globus agierende Systemfilialisten und Warenhausunternehmen. In unserem Selbstverständnis als Brand-Companions stärken wir deren Visual-Merchandising-Teams und kreieren in enger Abstimmung mit ihnen unorthodoxe, temporeiche und vor allem sichtbare Inszenierungen. Die Bandbreite reicht beispielsweise vom imageträchtigen Special Window bis hin zum Serienfenster. Aber Schaufensterinstallationen stellen natürlich nur eine unserer Kernkompetenzen. Tatsächlich stehen wir unseren Kunden - je nach Bedarf - von der Markenstrategie und dem Konzept über die Gestaltung, Ausarbeitung und Produktion bis hin zum Aufbau vor Ort in einzelnen oder allen Phasen des systemischen Retail-Marketing-Prozesses zur Seite. Dafür stellen wir entsprechend der Projektvorgaben ein interdisziplinär arbeitendes Team aus zahlreichen Experten zusammen. Egal ob Projektmanager, Entwickler oder Visual Merchandiser, egal ob Designer oder Szenograph - in unserer Agentur findet man für jede Aufgabe einen leidenschaftlichen Spezialisten.

Wie bringen Sie für einen großen Systemfilialisten Niveau mit der immer gleichen Wertigkeit in allen Stores auf die Fläche?

Durch Qualität. Und diese wird nicht zuletzt durch unseren Full-Service-Anspruch garantiert. Dazu gehört natürlich vor allem eine gewissenhafte Kampagnenplanung mit fest definierten Meilensteinen, der Ausarbeitung von VM-Guidelines und im Voraus festgelegten Timelines. All dies garantiert unseren Kunden einen perfekt abgestimmten Ablauf, der für ein Höchstmaß an Zuverlässigkeit steht. Aber auch mit einer gewissen Art von Simplizität. Das heißt konkret: Alles muss leicht verständlich und handhabbar sein. Für uns ist auch das eine Facette von Qualität. Und schließlich natürlich durch Controlling und Reportings, die den Abgleich der Ergebnisse ermöglichen, oder mittels Live-Chats, über die der Kunde schnell und unkompliziert bei uns nachfragen kann, wenn er Unterstützungsbedarf hat.

DFROST ist die Retail Identity Agentur rund um den PoS. Ob Marken oder Produkte, ob ganze Stores oder ausgewählte Flächen – überall, wo Identität und Erlebniswelten kreiert werden sollen, schafft die Agentur punktgenaue, einzigartige Retail-Lösungen für eine nachhaltig erfolgreiche Inszenierung am Ort der Kaufentscheidung. Der Leistungsbereich der 2008 gegründeten und ca. 50 Mitarbeiter umfassenden Stuttgarter Agentur gliedert sich in die Disziplinen Visual Marketing, Retail-Architecture, Live Communication und Brand-Design. Dabei wird über alle Kanäle hinweg jeder Schritt zentral gesteuert. So entstehen in sich stimmige Retail-Inszenierungen, die nicht bloß gesehen, sondern gefühlt und mit allen Sinnen wahrgenommen werden.

www.dfrost.com

©Carina Buhlert

3.3 SCHAUFENSTERTYPEN

Die Beschaffenheit eines Fensters bestimmt seine Gestaltung. Jedes Schaufenster ist anders. Früher waren die Schaufenster in der Regel rundherum abgeschlossen. In großen Häusern ist das oft immer noch so. Modernere Shops haben hingegen meistens keinen festen Einbau mehr. Der Kunde hat einen freien Einblick in den Laden.

Jedes Modell hat Vor- und Nachteile:

ART	VORTEIL	NACHTEIL
GESCHLOSSENES SCHAUFENSTER Hat zwei Seitenwände und eine Rückwand	Warenbilder können wirken, ohne dass der Hintergrund ablenkt.	Kunde kann nicht sehen, was ihn im Laden erwartet. Aufwendigere Gestaltung.
OFFENES SCHAUFENSTER OHNE RÜCKWAND Kompletter Durchblick in den Verkaufsraum	Das gesamte Ladeninnere ist zu sehen und der Kunde weiß, was ihn erwartet.	Durchblick bedeutet Unruhe und kann von der eigentlichen Fenstergestaltung ablenken.
OFFENES SCHAUFENSTER MIT TEILRÜCKWAND Mit Einblick in den Laden und mit einer kleinen Rückwand	Produkte vor der Teilrückwand bleiben im Fokus und der Kunde kann trotzdem erkennen, was ihn innen erwartet.	Rückwandgestaltung sollte immer mit der Ware im Fenster korrespondieren.

Ideal ist ein offenes Schaufenster mit Teilrückwand. Die Produkte, die präsentiert werden, bleiben vorne im Fokus und die Rückwand schirmt vom eventuell unruhigen Hintergrund ab. Und die Kunden können an den Seiten trotzdem sehen, was sie im Innenraum erwartet. Ist keine feste Teilrückwand vorhanden, können Sie eine einfache Stoffbahn oder eine Schiebegardine aus dem Möbelhandel in der passenden Farbe von der Decke abhängen. Gibt es keine Befestigungsmöglichkeiten, schaffen Sie welche. Sie werden sie zum Beispiel auch für Plakate oder andere besondere Gestaltungselemente brauchen. Lassen Sie zwei bis drei Schienen an der Decke anbringen, dann sind Sie bei jeder Art von Abhängung flexibel.

FAZIT: Jedes Schaufenster ist anders beschaffen. Auf diese Gegebenheiten muss man bei der Gestaltung des Fensters eingehen.

FRAGEN SIE SICH:

- **Wie sehen unsere Schaufenster aus?**
- **Haben wir genügend Abhängemöglichkeiten?**

3.4 RICHTIGER AUFBAU

Bauen Sie Ihre Ware unbedingt in »Betrachtungshöhe« auf. Die höchste Aufmerksamkeit erzielen Produkte, die in einer Höhe zwischen 80 und 160 Zentimetern platziert werden. Manche Händler legen ihre Ware im Schaufenster nur auf den Boden; sie denken nicht daran, dass die Betrachter durch das Bücken unter Umständen Rückenschmerzen bekommen können. Benutzen Sie deshalb als Aufbauelemente kleine Tische, Stühle, Kisten oder Ähnliches. Schauen Sie beim nächsten Sperrmüll, ob etwas Passendes dabei ist, und streichen Sie die Stücke in einer ungewöhnlichen Farbe. Da die Passanten in der Regel von rechts kommen, sollte der Hauptteil des Aufbaus aus der Mitte heraus nach links gerückt werden. So laufen die Passanten nicht auf eine leere Seitenwand zu und die Gestaltung wird sofort von ihnen wahrgenommen.

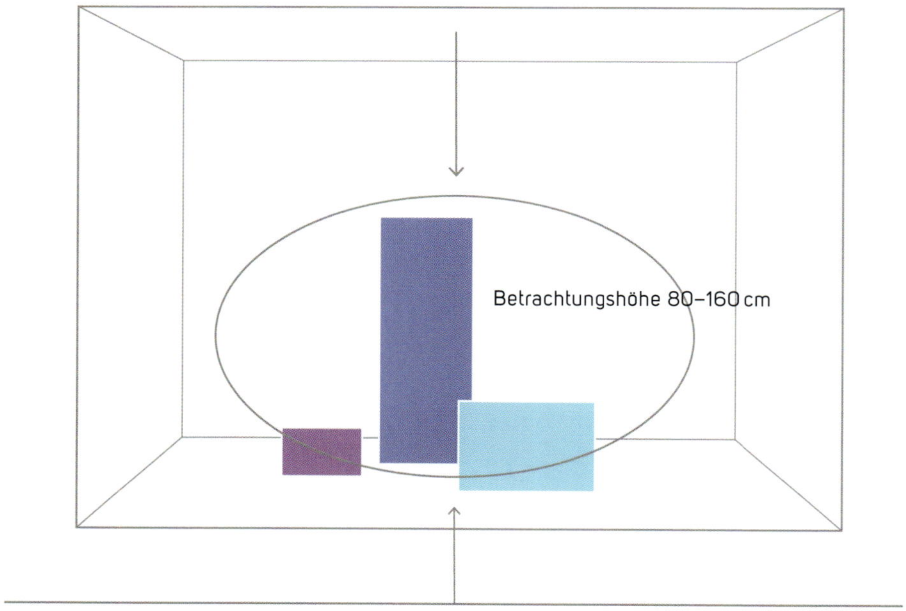

©Carina Buhlert

Der Blick des Betrachters kann mit dem richtigen Aufbau geleitet werden.

Nun stellt sich die Frage nach dem richtigen Aufbauprinzip. Für das Schaufenster eignet sich am besten das dynamische Tannenbaumprinzip. Die Produkte werden so arrangiert, dass der höchste Punkt in der Mitte liegt, während die kleineren Produkte an den Seiten aufgestellt werden. Sie dürfen sich durchaus überschneiden, damit keine zu große Lücke entsteht und so die Blickführung unterbrochen wird. Ein Plakat, das Ihre Inszenierung unterstützt oder ergänzt, sollte hinter der Produktgruppe hängen, auch das funktioniert mit einer leichten Überschneidung.

Gruppieren, gruppieren, gruppieren! Das ist das A und O der Gestaltung, sonst springt das Auge hin und her. Es können auch mehrere kleinere Gruppen aufgebaut werden, die zusammen ein Ganzes ergeben. Eine Variante: Sie bauen im Reihungsprinzip mehrere Säulen oder Tischchen auf, die jeweils eine eigene Warengruppe zeigen. Hat jede eine andere Farbe, könnte das durchaus interessant aussehen.

©Carina Buhlert

Tannenbaumprinzip

©Carina Buhlert

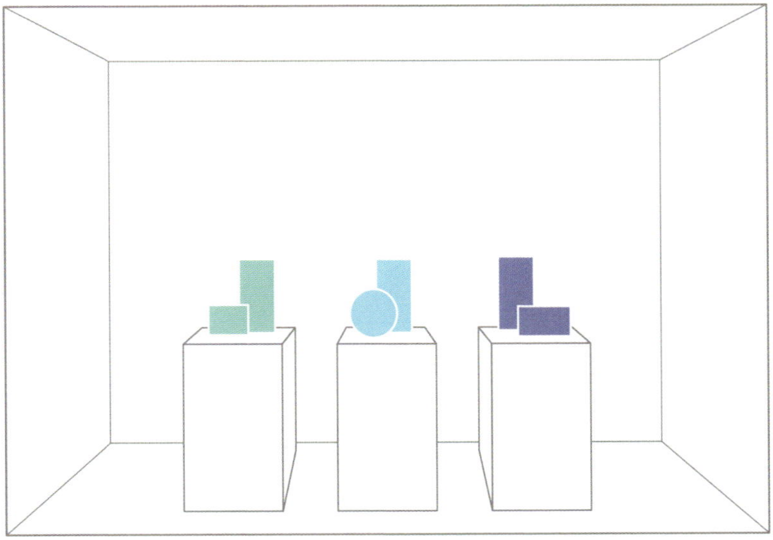

Reihungsprinzip

Werden Produkte zu Gruppen arrangiert, ist es für das Auge angenehmer, diese zu erfassen.

Wichtig ist eine gute Vorarbeit. Stellen Sie zuerst Ihre Ware bereit. Es können gerne mehr Produkte sein, als Sie letztlich benötigen. So können Sie im Fenster noch auswählen, welches am besten passt. Bügeln Sie Tischdecken, Geschirrtücher oder Ähnliches unbedingt vorab. Nehmen Sie alles aus der Verpackung, entfernen Sie Plastikfolien. Beseitigen Sie Fingerabdrücke, die Sie oder jemand anderes auf den Produkten hinterlassen hat. Erst wenn diese Vorarbeiten erledigt sind, beginnen Sie mit dem Aufbau des Schaufensters.

Braucht es für Ihr Konzept ein Tischchen oder gestapelte Kisten, sollten Sie diese zuerst aufstellen. Ist ein Plakat vorgesehen, hängen Sie es gleich auf, da sich die Produktgruppe optisch danach ausrichtet. Beim Arrangieren der Produkte beginnen Sie immer mit dem größten Element. Das kann, je nach Branche, beispielsweise eine große Vase oder eine große Tasche sein. Anschließend werden die nächstkleineren Produkte platziert. Hier heißt es ausprobieren. Wechseln Sie Farben und Formen ab. Ein Produkt in einer auffälligen Farbe darf diagonal wieder auftauchen. So entsteht ein optisches Gleichgewicht. Die kleinsten Produkte und kleinere Gestaltungsobjekte werden am Schluss platziert. Kontrollieren Sie immer wieder von außen, ob der Aufbau auch für das Auge des Betrachters gefällig ist und ihn nicht verwirrt. Gegebenenfalls sollten Sie Produkte noch einmal umstellen oder verschieben.

FAZIT: Damit es dem Betrachter so leicht wie möglich gemacht wird, sollten Produkte gruppiert werden. Am besten eignet sich dafür das Tannenbaumprinzip. Beim Aufbau den richtigen Ablauf beachten.

FRAGEN SIE SICH:

- **Berücksichtigen wir die richtige Aufbauhöhe und gruppieren wir unsere Produkte?**
- **Bauen wir in der richtigen Reihenfolge auf?**

©Carina Buhlert

Aufbauablauf

ÜBEN, ÜBEN, ÜBEN!

Der Aufbau und das Gruppieren der Ware im Schaufenster muss unbedingt ausprobiert und geübt werden. Ich habe für Sie eine kleine »interaktive Übung« vorbereitet, die man mit einfachen Mitteln selber ausführen kann. Gehen Sie auf die angegebene Internetseite. Dort finden Sie die Vorlage eines Musterfensters und diverse Tische und Produkte, die Sie beliebig oft ausdrucken können. Anschließend schneiden Sie die Musterteile aus und probieren auf der Vorlage verschiedene für das Auge gefällige Arrangements aus. Denken Sie an eine ansprechende Farbauswahl der Ware und setzen Sie die entsprechenden Aufbauprinzipien (dynamisch oder symmetrisch) ein. Es gibt auch einen Ordner mit Lösungsvorschlägen. Diese sollten Sie sich allerdings erst anschauen, wenn Sie selbst schon einiges ausprobiert haben. Viel Spaß dabei und gutes Gelingen.

www.dfv-fachbuch.de/wahl_fachhandel

©Konzept: Karin Wahl / Grafik: Julia Steinberger

3.5 BILDMOTIVE

Ein Bild sagt mehr als tausend Worte. Das hat man ja schon oft gehört. Aber Bilder können tatsächlich schneller erfasst werden. Sie transportieren innerhalb von Sekunden eine bestimmte Stimmung und vermitteln dem Betrachter die gewünschten Botschaften. Mithilfe von Bildern können Sie Ihren Kunden öfter eine neue Optik bieten. Vielleicht nutzen Sie ja schon ein Rahmenkonzept, bei dem die Motive schnell ausgetauscht werden können. Ansonsten haben sich Textilspannrahmen sehr bewährt. Sie sind recht einfach zu handhaben: Textilposter, die mit einer Gummilippe versehen wurden, müssen nur in einen Alurahmen gedrückt werden. Legen Sie sich mehrere Motive zu, zum Beispiel Sommer- oder Winterlandschaften oder einfach den Schriftzug »SALE«. So können Sie ohne großen Aufwand die Stimmung im Schaufenster verändern und dem Betrachter ein neues Bild bieten.

Mit Bildern lassen sich Kunden in bestimmte Stimmungen versetzen.
Es gibt natürlich auch für Schaufenster die Möglichkeit, bewegte Bilder einzusetzen. (In Kapitel 4.3 gehe ich näher auf das Thema Digital Signage ein.) Aber Achtung: Bewegte Bilder sind im Schaufenster dem Licht von außen ausgesetzt. Wer daran nicht denkt, erlebt bei der Umsetzung oft eine böse Überraschung. Da wird bei einem Elektrohandel fix zwischendurch ein günstiger Fernseher gekauft und ins Schaufenster gestellt. Die Inhalte werden dann über einen am Computer programmierten Stick als Loop abgespielt. Aber dann kann man von außen leider kaum etwas erkennen. Ein herkömmlicher Fernseher hat weder ausreichend Lichtkraft, noch ist er für einen Dauerbetrieb ausgelegt. Infolgedessen kann der Passant im Grunde nichts sehen und der Fernseher wird nach kurzer Zeit seinen Geist aufgeben. Wenn Sie also bestimmte Inhalte über einen Bildschirm im Schaufenster abspielen möchten, müssen Sie ein Profigerät anschaffen. Das kostet zwar etwas mehr, aber das Ergebnis rechtfertigt es natürlich.

FAZIT: Bildmotive unterstützen jede Gestaltung oder Warenpräsentation. Es gibt verschiedene Möglichkeiten, Bilder zu zeigen, die auch relativ einfach gewechselt werden können.

FRAGEN SIE SICH:

- **Setzen wir ausreichend Bildmotive ein?**
- **Haben wir ein gutes System, bei dem Fotos oder Plakate auch leicht gewechselt werden können?**

Stefan Weiß ist geschäftsführender Gesellschafter der SchlieperColor GmbH und forciert den Wandel hin zu einem modernen und innovativen Anbieter für ganzheitliche Drucklösungen. ©Anne Wirtz

Textilspannrahmen-Systeme aus Aluminium eignen sich ideal für eine konstant und dauerhaft hochwertige Präsentation. Motivwechsel sind einfach und schnell mittels angenähter Gummilippen am Stoffrand möglich. ©Henrik Balzer

DIE MACHT DES BILDES

Bilder können Geschichten erzählen, den Betrachter in eine bestimmte Stimmung versetzen und Emotionen transportieren. Genau diese Anforderungen werden heute an den Einzelhandel gestellt. Wir sprachen mit Stefan Weiß, dem Geschäftsführer von SchlieperColor, über die aktuelle Situation in der Bildherstellung und darüber, wie sich die Branche verändern wird.

Herr Weiß, es gibt ja schon länger Textilspannrahmen für Bildmotive. Sie bieten diese Rahmen unter anderem auch an. Können Sie dieses Produkt und die daraus resultierenden Vorteile genauer erklären?

Der Motivwechsel im Schaufernster oder auf der Fläche war früher sehr aufwendig. Es mussten Stangen oder Klemmschienen an Seilen von der Decke abgehängt werden. Die Motive wurden meistens auf Papier gedruckt. Papier ist sehr empfindlich, ob beim Transport oder in Verbindung mit Feuchtigkeit. Es kann sich wellen, knittern oder im schlimmsten Fall bei der Handhabung einreißen.

Wir empfehlen unseren Kunden das Textilspannrahmen-System aus Aluminium, das sich durch elegante Optik sowie langlebige Qualität auszeichnet und mittels verschiedener Produktvarianten (einseitig oder doppelseitig, stehend oder hängend, beleuchtet mit modernster LED-Technik oder unbeleuchtet) vielfältige Anwendung findet. Der einfache und schnelle Motivwechsel mittels angenähter Gummilippen am Stoffdruck macht das System für die konstante und dauerhaft hochwertige Präsentation besonders attraktiv. Die knitterfreie Mehrfachverwendung der Stoffdrucke ist problemlos möglich, die Drucke im Sublimationsdruck sind PVC-frei, geruchsneutral und einfach zu entsorgen. Die Montage der Spanngrafiken ist mühelos möglich, die gefalteten Drucke - auch bei großen Formaten - garantieren niedrige Transportkosten.

Bei größeren Filialbetrieben mit unterschiedlichen Schaufenster- beziehungsweise Motivgrößen kann es einen enormen Aufwand bedeuten, die aktuellen Motive im richtigen Maß und zur richtigen Zeit in der richtigen Filiale zu haben. Ihr Unternehmen bietet dafür auch die gesamte Logistik an. Was bedeutet das für Ihre Kunden?

Die stark verkürzten Vorlaufzeiten der Werbeprozesskette im Einzelhandel machen es immer herausfordernder, einen reibungslosen Roll-out von Kampagnen zu gewährleisten. Unsere Antwort darauf ist eine eigens entwickelte Software-Lösung zur PoS-Kampagnensteuerung. Diese ermöglicht dem Kunden spielend leichtes Kampagnenmanagement für den regelmäßigen Motivwechsel.

Mit dieser webbasierten Software garantieren wir höchste Transparenz und Effizienz. Zusätzlich bieten wir unseren Kunden an, die komplette Auftragsabwicklung vom Layout über die Produktion bis zur Montage im Schaufenster zu übernehmen. Wir verstehen uns als Partner und Problemlöser für unsere Kunden. Wir bieten eine hohe Reaktionsgeschwindigkeit und schnelle Lieferung von Drucken und Deko-Tools.

Sie sind aber nicht nur Spezialisten für den Motivdruck. Welche Dienstleistungen und Qualifikationen umfasst Ihr Portfolio noch?

Grundsätzlich bieten wir unseren Kunden sowohl für die Instore- als auch für die Schaufenster- und Fassadengestaltung alles aus einer Hand an. Neben der Sublimationsdrucktechnik, die mit geruchsfreien, wasserbasierten Dispersionstinten druckt, produzieren wir auf 3- und 5-Meter-UV-Druckmaschinen. Selbstverständlich entsprechen unsere Drucke allen Vorgaben der Brandschutzklasse B1. Hinzu kommt der Plattendirektdruck für fotorealistische Druckqualität auf starrem Material. In Kombination mit einem Konturschnitt entstehen unverwechselbare Deko-Tools für die Inszenierung am Point of Sale.

©Anne Wirtz

Was sind die großen neuen Themen im digitalen Großformatdruck und wie sehen die aktuellen Anforderungen des Marktes aus?

Aus unserer Sicht ist eines der großen Themen die nachhaltige Produktion. Vorzugsweise versuchen wir mit ökologischen, wiederverwertbaren Produkten zu arbeiten und die Wertschöpfungskette so umweltfreundlich wie möglich zu gestalten. Weitere interessante Themen sind die Veredelung von Drucken mit Weißdruck oder Lack, der Materialmix beispielsweise aus Holz und Stoff oder Bewegtbilder, die das Storytelling übernehmen und Kunden emotional berühren. Letzteres kann man auch ohne kostenintensives Digital Signage mithilfe von animierten LED-Leuchtrahmen erzielen.

Die Firma SchlieperColor GmbH mit Sitz in Essen ist ein inhabergeführtes Unternehmen mit aktuell 40 Mitarbeitern. Als Full-Service-Anbieter stellt sich SchlieperColor den steten Veränderungen des Marktes und bietet innovative Lösungen und Produkte im Bereich der effektiven Werbeproduktion. Auf verschiedenen Digitaldrucksystemen können nahezu alle Aufgabenstellungen der Kunden im Bereich des grafischen Digitaldrucks umgesetzt werden. Außerdem bietet SchlieperColor umfassende Beratung, Problemlösungen und beachtliche Produktionskapazitäten.
www.schliepercolor.de

3.6 PREISGESTALTUNG

»Hm, wenn ich jetzt wüsste, was die Brille kostet, würde ich reingehen!« Wie im Internet möchte sich der Kunde auch im stationären Handel vorab über die Preise informieren. Passt das in mein Budget? Was mache ich, wenn es zu teuer ist? Bis vor Kurzem sah die Preisangabenverordnung vor, dass jedes Produkt im Schaufenster ausgezeichnet werden muss. Sie wurde jedoch Ende 2016 durch den Bundesgerichtshof an dieser Stelle korrigiert, das heißt, dass Sie nicht mehr verpflichtet sind, die Ware im Fenster auszuzeichnen. Ich empfehle Ihnen, es trotzdem zu tun. Sind die Produkte im Fenster ausgezeichnet, kann sich der Kunde auf das Preisgefüge einstellen. Außerdem können Sie mit Zusatzinformationen auf dem Preisschild auf die Marke oder die besondere Beschaffenheit der Ware hinweisen, zum Beispiel »Echtes Leder« oder »Reines Silber«, was wiederum einen hohen Preis rechtfertigt.

Preisauszeichnung im Schaufenster erleichtert die Kaufentscheidung. Entweder zeichnen Sie jedes Produkt einzeln aus oder Sie machen bei größeren Gruppierungen einen Sammelpreis. Ein schöner Bilderrahmen in DIN A5 mit einem professionell geschriebenen Schild sieht ansprechend aus. Erstellen Sie am Computer eine oder mehrere Vorlagen in Word, so brauchen Sie jedes Mal nur noch die Texte auszutauschen. Bringen Sie Ihr Logo oben auf dem Schild an, das bringt einen zusätzlichen Werbeeffekt. Notieren Sie die Preise in der Reihenfolge, wie sie vom Betrachter gesehen werden, also von oben nach unten. Außerdem gilt: nie mehr als vier bis fünf Zeilen, korrekte Rechtschreibung und einfache, gut leserliche Schrift

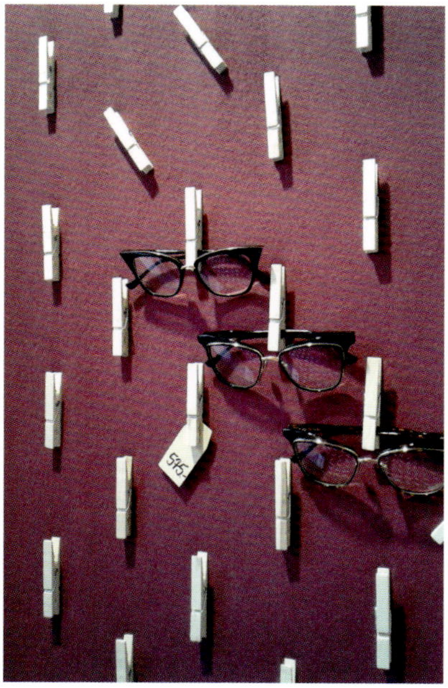

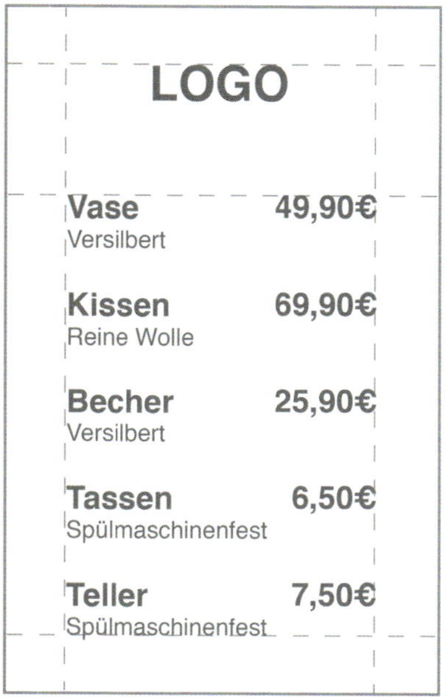

links:
©Claus Mair, Konkrete Konzepte, für buschmann optik
rechts: ©Carina Buhlert

mit großen Zahlen. Preisgegenüberstellungen sind in der Regel zulässig – also alter, durchgestrichener Preis zusammen mit dem neuen günstigeren –, wenn der frühere Preis über einen längeren Zeitraum gefordert wurde.

Bei emotionalen Ladenkonzepten, zum Beispiel in Concept Stores, kann ein Preisschild ruhig etwas ungewöhnlicher sein und mit der Hand geschrieben werden. Kleine Schultafeln, mit Wäscheklammern angepinnte Kärtchen oder Preise auf Papierherzchen geschrieben – all das hat einen gewissen Charme und zeigt einen persönlicheren Charakter. Es sollte aber unbedingt gut leserlich und in »Schönschrift« sein. Nutzen Sie Aufsteller, sollten diese akkurat und parallel zur Schaufensterscheibe positioniert werden, am besten in einer Linie.

FAZIT: Die Waren im Schaufenster müssen nicht mehr zwingend ausgezeichnet werden. Es gibt allerdings gute Gründe, die Preise weiterhin zu nennen; unter anderem dienen sie der Information der Kunden. Preisschilder sollten ansprechend gestaltet werden.

FRAGEN SIE SICH:

- **Zeichnen wir unsere Ware im Fenster immer aus?**
- **Welches System nutzen wir und könnten wir es optimieren?**

3.7 EINSATZ VON LICHT

Ich besuchte kürzlich einen gerade neu eröffneten Laden. Wunderschöne Accessoires in tollen, auffälligen Farben. Ein kleiner Shop mit zwei offenen Schaufenstern rechts und links vom Eingang. Dahinter standen kleine Tische, auf denen besonders knallige Stücke aus der Kollektion gezeigt werden sollten. Leider hatte der Ladenbauer an dieser Stelle das Licht vergessen! Damit war eine wertvolle Möglichkeit vertan.

Nur mit dem richtigen Licht kann man eine stimmungsvolle Atmosphäre schaffen, können Farben leuchten und schöne Akzente gesetzt werden. Licht lockt Leute – Tag und Nacht! Alles, was Sie brauchen, ist eine solide Grundbeleuchtung und zusätzliche einzelne Spotstrahler, um Highlights hervorzuheben. Haben Sie schon ein gutes, ausreichendes Lichtsystem? Herzlichen Glückwunsch! Wenn nicht, sollten Sie sich von Fachleuten beraten lassen, auch was die neueste Technik betrifft.

Perfektes Spiel
mit Licht und Schatten
©Ansorg GmbH, Mülheim

Moderne LED-Strahler gibt es inzwischen schon mit angenehmerem Licht und sie können ganz einfach ausgetauscht werden. Ein Lichtsystem in LED-Technik bietet viele Vorteile. Im Vordergrund stehen die deutliche Energieeinsparung von 40 bis 60 Prozent sowie eine längere Lebensdauer von fünf bis zehn Jahren (je nach täglicher Einsatzzeit). Außerdem verschießt die Ware viel weniger. Den etwas höheren Anschaffungspreis muss man immer mit den niedrigeren Energiekosten gegenrechnen.

Perfektes Licht lässt die Ware perfekt aussehen.

Das Tüpfelchen auf dem i jeder Gestaltung ist das richtig gestellte Licht. Die Ware ist der Star und Sie sind der Beleuchter. Richten Sie die Strahler jeweils diagonal auf die Produktgruppen, dann ist die Lichtausbeute am größten. Verwenden Sie nur eine Sicherheitsleiter und achten Sie auf sachgemäße Benutzung. Das bedeutet: Sie sollten von einem Fachmann eingewiesen worden sein. Bei einem Dekorationswechsel muss das Licht wieder neu ausgerichtet werden, da andere Produkte an anderen Stellen stehen. Bitte immer wieder kontrollieren, ob auch alle Leuchtmittel funktionieren. Eine dunkle Ware kann nicht wirken.

FAZIT: Licht ist das allerwichtigste Element bei einer Schaufenstergestaltung. Was nicht im Licht steht, kann nicht gesehen werden. Moderne Lichttechnik spart Strom.

FRAGEN SIE SICH:

- **Welches Lichtsystem haben wir?**
- **Legen wir Wert auf das richtige Einstellen der Strahler und kontrollieren wir ständig deren Funktion?**

3.8 SCHÖN SAUBER

Ende gut, alles gut! Wirklich? Die Ware ist ansprechend in Szene gesetzt, die Preisschilder geschrieben und die Strahler gestellt. Bitte kontrollieren Sie ganz am Schluss noch einmal jedes Detail. Ist alles am richtigen Fleck, wurde nichts vergessen? Ist alles sauber? Auch die Scheibe? Liegt nichts mehr auf dem Boden oder lugt vielleicht doch noch das eine oder andere Etikett hervor? Stehen alle Preisschilder gerade? Gehen Sie lieber einmal zu viel vor das Schaufenster. Haben Sie auch wirklich nichts übersehen? Sie könnten beim letzten Gang auch noch etwas umgestoßen haben. Erst wenn Sie wirklich davon überzeugt sind, dass alles zu Ihrer Zufriedenheit ist und Sie dem Kunden ein perfektes Bild bieten, dürfen Sie sich zurücklehnen und sich auf die Schulter klopfen. Am besten machen Sie gleich ein Foto für Ihr Archiv und die sozialen Medien, um es dort schon Ihren Kunden zu präsentieren. Wenn es toll gestaltet ist, könnte dieses Schaufenster der Grund sein, dass jemand sofort vorbeischauen möchte.

FAZIT: Ein perfektes Fenster muss sauber und ordentlich sein. Nichts darf den Betrachter stören.

FRAGEN SIE SICH:

- **Achten wir nach dem Aufbau im Fenster auch wirklich auf jedes Detail?**
- **Nehmen wir uns genügend Zeit dafür?**

© DFROST für Cadenzza, Special Product Presentation

3.9 CHECKLISTE

Damit Sie und Ihre Kunden lange Freude an Ihrem Schaufenster haben, sollte die neue Präsentation regelmäßig überprüft werden. Gerade bei offenen Schaufenstern kann es passieren, dass der Kunde etwas in die Hand nimmt und es nicht wieder an denselben Platz zurückstellt. Oder die viel zitierten toten Fliegen haben sich wieder eingefunden. Ein Schaufenster sollte zu jeder Zeit picobello aussehen. Nur so werden Ihre Kunden immer den besten Eindruck von Ihrer »Visitenkarte« haben. Dabei kann eine Checkliste gute Dienste leisten. Obwohl Sie ja durchaus wissen, worauf es ankommt, hilft sie Ihnen dabei, kein Detail zu übersehen. Meine Muster-Checkliste kann Ihnen als Vorlage dienen.

Mit einer Checkliste wird nichts mehr übersehen.
Jedes Schaufenster ist anders und braucht eigene »Kontrollregeln«. Setzen Sie sich mit Ihren Mitarbeitern zusammen und erstellen Sie Ihre eigene Liste. Jeder hat eine andere Sichtweise und setzt seine Prioritäten anders. Tragen Sie alles zusammen und erstellen Ihre Liste als Kopiervorlage. Benutzen Sie sie am besten jeden Tag, da sich ja auch jeden Tag ein Störer einfinden kann. Wechseln Sie die ausführenden Personen, so fühlt sich jeder verantwortlich. Tragen Sie das Datum ein und haken Sie Ja/Nein ab. So kann man sofort sehen, was noch getan werden muss und was nicht sofort erledigt werden kann, wie zum Beispiel »Wandfarbe abgeblättert - Wand muss neu gestrichen werden« oder »Strahler defekt - morgen auswechseln«. Legen Sie einen Ordner an, so haben Sie einen guten Überblick.

FAZIT: Ein Schaufenster muss bis zum letzten Tag perfekt aussehen. Dies sollte anhand einer Checkliste regelmäßig überprüft werden.

FRAGEN SIE SICH:

- **Benutzen wir schon eine Checkliste?**
- **Wenn nein, sollten wir eine erstellen?**

CHECKLISTE SCHAUFENSTER

NAME: DATUM:

	Ja	Nein	Was tun?	Erledigt?
VOR DEM SHOP SAUBER?	☐	☐	______	☐
VOR DEM FENSTER SAUBER?	☐	☐	______	☐
SCHEIBEN SAUBER?	☐	☐	______	☐
WARE NOCH AN ORT UND STELLE?	☐	☐	______	☐
GESTALTUNG FENSTER ORDENTLICH?	☐	☐	______	☐
ALLE STRAHLER IN FUNKTION?	☐	☐	______	☐
STIMMEN DIE PREISE NOCH?	☐	☐	______	☐
STEHEN PREISSCHILDER GERADE?	☐	☐	______	☐
BODEN SAUBER?	☐	☐	______	☐
HINTER DEM FENSTER ORDENTLICH?	☐	☐	______	☐
SONSTIGES ______	☐	☐	______	☐

©Karin Wahl

©KARE Spaß am Wohnen, CITYHAUS München

4

FLÄCHE SCHÖN GEMACHT

©Carina Buhlert

4.1 WAS? WO? WIE?

Ein Schaufenster soll Passanten mit einer originellen und besonderen Gestaltung zum Betreten des Ladens animieren. Der Laden selbst muss eine ganz besondere Atmosphäre ausstrahlen, den Aufenthalt der Kunden mit schönen Bildern so angenehm wie möglich machen und die Verweildauer bestenfalls verlängern. Um das zu erreichen, braucht es viel Feingefühl und Sie müssen alle Register einer guten Innengestaltung ziehen. Angenehmes Licht, sanfte Hintergrundmusik, das richtige Raumklima und vielleicht ein unterschwelliger frischer Duft unterstützen dieses Unterfangen.

Wie können Sie nun bei der Planung der Warenpräsentation im Laden vorgehen? Wie wäre es, wenn Sie zunächst einmal alles infrage stellen würden? Es ist natürlich nicht leicht, das, was sich lange Zeit bewährt hat und was man kennt, plötzlich zu verändern. Das bedeutet richtig viel Arbeit: Vielleicht müssen Sie dafür ganze Produktwelten drehen, damit sie aus ihrem Schattendasein hervortreten. All das hat nur ein einziges Ziel: die Kunden zu überraschen und neugierig zu machen! Es muss ja nicht gleich der komplette Laden umgebaut werden. Vielleicht fangen Sie mit kleinen Schritten an. Wo könnte eine neue Fokusfläche entstehen? Welche Ware hat eine besondere Aussage? Soll sie nach vorne oder nach hinten? Stellen Sie diese Fragen immer aus Kundensicht. Was wird den Kunden ansprechen und an welcher Stelle funktioniert das am besten? Machen Sie sich ein Konzept und nutzen Sie dabei die folgenden Grundregeln beim Warenaufbau.

Wenn du immer alle Regeln befolgst, verpasst du den ganzen Spaß.
Katharine Hepburn

Dazu noch eine Anmerkung zu den »Sonderfällen«: In Concept und Pop-up-Stores gelten unter Umständen einige Sonderregeln, da sie häufig ein eingeschränktes Warenvolumen haben und die Warenträger nicht unbedingt den herkömmlichen Normen entsprechen. In manchen Geschäften werden wiederum spezielle Produkte angeboten, die auch eine spezielle Präsentation benötigen. Auf die Besonderheiten des Concept und des Pop-up-Stores gehe ich in Kapitel 6.1 näher ein. Aber auch bei diesen speziellen Konzepten darf die Wareninszenierung auf klassischen Visual-Merchandising-Regeln aufbauen. Also, gerne weiterlesen!

FAZIT: Vor jedem Warenaufbau muss ein Konzept entwickelt werden, mit dem Ziel, dem Kunden immer wieder ein neues Bild zu bieten.

FRAGEN SIE SICH:

- **Stellen wir manchmal Platzierungen infrage?**
- **Wie oft probieren wir neue Präsentationsmöglichkeiten aus?**

4.2 WEGFÜHRUNG

Kürzlich saß ich in einem Vortrag; darin war die Rede von »Amazon = Bequemlichkeitsmaschine«. Da ist etwas dran. Beim Einkaufen möchten wir es so bequem wie möglich haben – online wie stationär. Nur wenn wir es schaffen, offline noch eins draufzusetzen, bleiben uns die Kunden erhalten. Der Eingangsbereich hat den Kunden schon Appetit gemacht, und nun geht's weiter. Eine gute Orientierung spielt dabei eine wichtige Rolle. Manchmal funktioniert das nicht so optimal und der Kunde »sieht den Wald vor lauter Bäumen nicht«. Auf dem Weg durch den Laden will der Kunde optisch abgeholt werden und sich selbst zurechtfinden, ohne lange fragen zu müssen. Zeigen Sie ihm kurz und prägnant, wo was zu finden ist. Für die Orientierung ist das obere Drittel in einem Verkaufsraum relevant. Deshalb sollten sich auf dieser Ebene alle relevanten Informationen befinden.

Überblick bieten und dadurch Durchblick verschaffen.
Kennzeichnen Sie Ihre verschiedenen Abteilungen mit einfachen Schlagwörtern, zielgerichteten Bildern oder Gestaltungselementen, die auf die Warengruppe hinweisen. Ein großer Stapel Teller kombiniert mit einer Menükarte, auf der: »Für Deine Küche« steht, sendet eine Botschaft mit interessanter Fernwirkung und der Kunde verspürt Lust, näher zu treten. Spielen Sie mit Themen und Farben. Eine Abteilung mit schwarz oder lila gestrichenen Wänden, dazu ein edler Kronleuchter – diese Kombination weist auf eine exklusive Warengruppe hin.

Achten Sie auf die Breite der Laufwege. In der Regel müssen sie 2 Meter breit sein und zwischen den Warenträgern sollte der Abstand nie weniger als 80 Zentimeter betragen. Außerdem darf der Kundenlauf durch eine gewisse Dramaturgie interessant gestaltet werden. Bauen Sie genügend »Eyecatcher« ein, damit Ihre Kunden den Wunsch verspüren, bis nach hinten durchzugehen.

FAZIT: Der Kunde sollte sich im Laden sofort zurechtfinden und mit einer interessanten Dramaturgie und gut verpackten Informationen gelockt und geleitet werden.

FRAGEN SIE SICH:

- **Wie haben wir unsere Wegführung gestaltet?**
- **Können sich die Kunden bei uns leicht zurechtfinden?**

Originelle Gestaltung mit Fernwirkung für eine schnelle Orientierung
H&M Arket © Jörg Nowicki

Hagemeyer © Jan Voth

4.3 DIGITAL SIGNAGE

Der Begriff Digital Signage [ˈdɪdʒɪtl ˈsaɪnɪdʒ] bedeutet übersetzt: digitale Beschilderung. Es geht dabei um den Einsatz von digitalen Medieninhalten, zum Beispiel Video-Clips, Bilder oder Präsentationen, die über elektronische Anzeigegeräte abgespielt werden. Wir gehen heute tagtäglich mit vielen verschiedenen Medien (Smartphone, Tablet et cetera) um und haben uns an diese Art der Informationsvermittlung gewöhnt. Digitale Inhalte und Bewegtbilder erzielen daher vermutlich eine höhere Aufmerksamkeit und ziehen im Idealfall eine längere Verweildauer des Kunden nach sich. Wo sich etwas bewegt, schaut man zwangsläufig hin. Die Folge: immer mehr Bildschirme in den Schaufenstern und auf der Fläche.

Multimedia wird heute immer mehr im Laden eingesetzt.
In großen Filialunternehmen, die die Bildschirme von der Zentrale aus steuern können, ist der Einsatz dieser Medien durchaus sinnvoll und absolut zeitgemäß. Jeden Tag kann sozusagen eine neue Welt präsentiert werden, und das ohne großen Aufwand. Das setzt jedoch voraus, dass man die Technik beherrscht und alles problemlos läuft. Ich mache gerade eine eigene Studie, bei der ich die Bildschirme zähle, die nicht funktionieren und bei denen sich das Wörtchen »ERROR« ständig um die eigene Achse dreht. Ungefähr jeder dritte Monitor zeigt ein schwarzes Bild. Das ist unprofessionell und schadet dem Image.

Der technische Aufwand und die Kosten für Digital Signage sind relativ hoch. Das, was der Kunde sieht, muss gleichzeitig spannend und sinnvoll sein. Wenn auf dem Bildschirm nur die Öffnungszeiten zu sehen sind, hat das kaum einen Effekt. Es gibt auch kompakte Lösungen wie den digitalen Kundenstopper, der überall platziert werden kann und sofort einsetzbar ist. Die Software zum Bespielen des Stopppers wird mitgeliefert. Er kann sich auch selbst mit einer Zeitschaltuhr ein- und ausschalten und eignet sich beispielsweise für die Ankündigung einer attraktiven Aktion oder für einen schönen Stimmungsfilm.

FAZIT: Digital Signage unterstützt den Verkauf und verlängert die Verweildauer des Kunden. Diese Maßnahmen müssen jedoch gut gemacht sein und konsequent betreut werden.

FRAGEN SIE SICH:

- **Ist Digital Signage bei uns ein Thema?**
- **Wer hat das entsprechende Know-how und könnte die Medien betreuen?**

4.4 KUNDENLAUF

Wie schon erwähnt, kommen die Kunden in der Regel von rechts, orientieren sich nach rechts und laufen in einem Loop gegen den Uhrzeigersinn. Werden die Hauptwege verlassen, flanieren Kunden meist rechts an den Seitenwänden entlang. Sie begehen lieber Außen- als Innengänge und sparen gerne die Ecken aus. Am Ende dieses Loops sollten die Kassen platziert werden, da Kunden ungern umkehren. Es gibt attraktive und weniger attraktive Verkaufszonen. Die attraktivste ist der Tisch im Eingangsbereich und anschließend die Fläche rechts nach dem Eingang. Der Kunde betritt den Laden, wird gestoppt, wendet sich nach rechts und bleibt dann wieder vor dem Regal stehen. Die Fläche, die sich unmittelbar rechts hinter dem Eingangsbereich befindet, wird selten beachtet, da sie sich beim Eintritt quasi hinter dem Rücken des Kunden befindet.

VERKAUFSSTARKE ZONEN	VERKAUFSSCHWACHE ZONEN
Tisch im Eingangsbereich	Direkt rechts hinter dem Eingangsbereich
Rechts vom Kundenlauf	Links vom Kundenlauf
Loop-Kreuzungen	Ladenecken
Außengänge	Mittelgänge
Präsentation an der Front eines Warenträgers	Nicht ausgeleuchtete Bereiche
Kassenbereich	Eintönige Gänge ohne Fokuspunkte

Man unterscheidet zwischen:

- Bedarfssortiment: Produkte, die öfter benötigt werden und meist der Grund für den Einkauf sind, zum Beispiel Haushaltsartikel, Bürobedarf, Pflegeprodukte (diese eher in unattraktiven Verkaufszonen platzieren, da der Kunde auf jeden Fall dorthin muss).
- Impulssortiment: Produkte mit einer besonderen Optik, die spontan und ungeplant Gefallen finden, zum Beispiel Dekorationsartikel, Geschenke, Trendartikel (diese eher in attraktiven Verkaufszonen platzieren, damit der Kunde nicht umhin kommt, sie zu sehen).

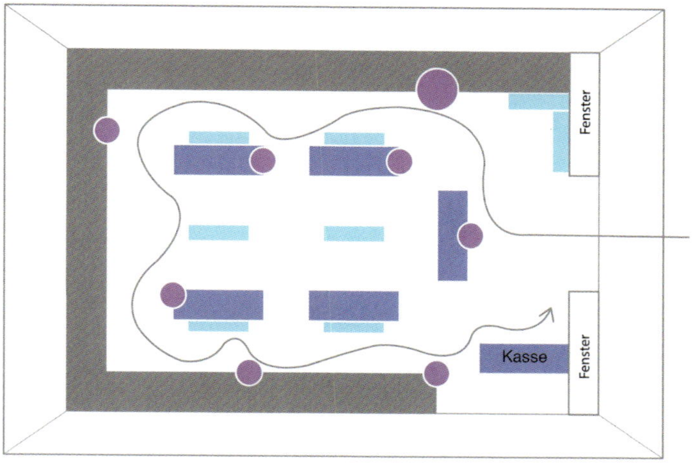

©Carina Buhlert

Umsatzstarke Artikel können für die Laufwegbeeinflussung genutzt werden. Es ist sinnvoll, zwischen umsatzstarken und umsatzschwachen Artikeln abzuwechseln. Fokuspunkte (attraktive Artikel und Präsentationsflächen) sollten quer über den Verkaufsraum verteilt werden; das bringt die Kunden dazu, sich immer weiter durch den Laden zu bewegen. Die Punkte sollten schon aus einiger Entfernung zu erkennen sein. Empfehlenswert ist auch das Anbieten von Ware im Verbundsortiment. Das sorgt für mehr Zusatzverkäufe. Beispiel Badezimmer: Der Kunde braucht Zahnputzbecher und sieht passende Handtücher. Im Kassenbereich sollten Sie eher Impulsartikel wie zum Beispiel kleine Mitbringsel präsentieren. Wenn der Kunde einen Moment warten muss, hat er Zeit zum Schauen und kann sich erneut inspirieren lassen.

Welche Ware wo präsentiert wird, hat Einfluss auf den Abverkauf.

Kernthemen sollten im Vordergrund präsentiert werden. Lassen Sie spannende Artikel für den hinteren Bereich übrig. So hat der Kunde einen Grund, sich auch dorthin zu begeben. Bauen Sie keine Barrieren mit zu großen Warenträgern auf. Diese sollten Sie lieber schräg oder längs zur Laufrichtung stellen. Eine gewisse Transparenz muss noch gegeben sein. Größere Lücken zwischen den Warenträgern bringen mehr Ruhe ins Gesamtbild. Setzen Sie öfter einmal die Kundenbrille auf – folgen Sie der Laufrichtung des Kunden und hinterfragen Sie den Aufbau: Könnte man ihn optimieren? Ist es Zeit für eine Veränderung?

FAZIT: Der Abverkauf der Ware kann gezielt gesteuert werden. Ausschlaggebend ist der Kundenlauf unter Berücksichtigung der verkaufsstarken Zonen und Artikel, der Auswahl der Impuls- und Bedarfssortimente sowie der Präsentation im Verbund.

FRAGEN SIE SICH:

- **Achten wir beim Aufbau auf die verschiedenen Verkaufszonen?**
- **Unterscheiden wir zwischen Bedarfs- und Impulsartikeln?**

4.5 ARENAPRINZIP

Die Füße gehen nur dorthin, wo die Augen schon waren. Damit sich Kunden orientieren und so viel wie möglich vom Sortiment sehen können, sollten die Warenträger immer nach dem Arenaprinzip aufgebaut werden. Das bedeutet, dass die Warenträger, die im vorderen Bereich stehen, immer niedriger sein müssen als die, die sich dahinter befinden - treppenartig wie in einer Arena. Nur so ist es möglich, ein breiteres Spektrum an Artikeln zu zeigen. Zusätzlich werden die Kunden dadurch animiert, bis zu den Rückwänden durchzugehen. Das Prinzip ist besonders im Eingangsbereich, aber auch bei Eintritt in die jeweiligen Abteilungen oder Themenwelten zu beachten. Dabei sollten grob die durchschnittlichen Körpergrößen beziehungsweise die jeweilige Augenhöhe von Frauen und Männern berücksichtigt werden.

Als allgemeine Faustregel für den europäischen Raum gilt:

ZONE	WARENTRÄGER	HÖHE
ZONE 1	Rückwand-warenträger	bis 2,60 Meter
ZONE 2	Mittelraumwaren-träger	1,40 bis 1,60 Meter
ZONE 3	Tischpräsentation	0,80 bis 1,20 Meter

©Carina Buhlert

Zone 1 wird als Erstes wahrgenommen, sie dient der Orientierung. Diese obere Zone muss unbedingt mit genügend Licht angestrahlt werden. Anschließend wird der Blick des Kunden in der Regel wieder nach vorne schweifen und sich auf die Ware auf der vorderen Ebene richten. Deshalb haben Zone 1 und Zone 3 eine besondere Bedeutung. Mit Zone 2 (Mittelraumwarenträger) wird sich der Kunde anschließend beschäftigen, wenn ihm das Angebot gefällt. Vom Hauptgang bis zur Rückwand sollte die Entfernung nicht größer als 10 Meter sein, sonst wird es unübersichtlich.

FAZIT: Nur wenn die Warenträger im Arenaprinzip aufgebaut sind, kann sich der Kunde orientieren und hat einen Überblick über das gesamte Sortiment.

FRAGEN SIE SICH:

- **Richten wir unsere Warenträger nach dem Arenaprinzip aus?**
- **Sind die Zonen 1 und 3 gut einsehbar?**

4.6 TISCHPRÄSENTATION

73 Prozent der Deutschen wollen die Ware anfassen und kaufen deshalb im stationären Handel – so das Ergebnis einer Konsumentenbefragung des Medienunternehmens Mood Media zum Thema »Status im stationären Handel 2017«.[3] Schon als Kind hatten wir den Drang, Dinge anzufassen, zu untersuchen und zu »begreifen«. Dies ist der bedeutendste Vorteil gegenüber dem Onlinehandel. Spielen Sie diesen Trumpf aus. Stellen Sie so viele Tische wie möglich auf, damit der haptische Drang auch befriedigt werden kann. Lieber verabschieden Sie sich von unübersichtlichen und sperrigen Mittelraumwarenträgern. Nur auf Tischen können wirklich sinnliche und kreative Warenbilder geschaffen werden. »Bitte berühren!« ist die unausgesprochene Botschaft. Außerdem hat man festgestellt, dass Waren in Gürtelhöhe den Spontankauf forcieren. Geben Sie sich deshalb bei der Tischpräsentation besondere Mühe. Sie ist die Eintrittskarte zum Kundenglück!

Nur im stationären Handel kann man Ware anfassen.

Überlegen Sie sich wie schon beim Schaufenster ein Aufbaukonzept. Welche Kollektion oder welches Warenthema ist am attraktivsten und sollte in den Fokus rücken? Ist die Artikelgruppe in sich schlüssig, kann bereits mit dem Aufbau begonnen

3 Mood-Studie zitiert in: absatzwirtschaft (online): Studien der Woche, Top 2: Sehen, fühlen, haben: Deutsche Verbraucher sind ungeduldige Shopper, 22.06.2017.

Ortloff GmbH, Köln ©mauricecoxfotografie

werden. Handelt es sich um Produkte, die unscheinbar sind oder keine Aussage haben – wie zum Beispiel transparentes Glas –, sollten sie mit anderen Produkten kombiniert werden. Die Kombination muss stimmig sein, das heißt die Produkte sollten entweder aus demselben Themenbereich kommen oder feinfühlig »kuratiert« sein. Das bedeutet: Sie tragen die schönsten Stücke zusammen, die interessant sind und zueinander passen.

Farbe spielt dabei eine große Rolle. Haben Sie bunt gemusterte Artikel, kombinieren Sie diese mit einfarbigen Produkten als Unterbrecher. Ob etwas farblich zusammenpasst, ist natürlich Geschmacksache. Am besten orientieren Sie sich an aktuellen Trends. Im Moment wird viel in Pudertönen in Kombination mit Metall gearbeitet. Haben Sie zum Beispiel Ware in Hellblau, so passen Beigetöne und Gold perfekt dazu. Sind die Produkte in Kupfer, passt sehr gut ein Rosenholzton und als Akzent Schwarz. Das Ganze auf einem rohen Holztisch ergibt einen schönen Kontrast. Probieren Sie lieber zuerst mit einzelnen Musterteilen, bevor Sie mit dem großen Aufbau beginnen.

Wichtig: Stimmt die Balance zwischen Spannung und Ruhe?

Im nächsten Schritt entscheiden Sie, ob die Ware eher sachlich aufgebaut oder dynamisch inszeniert werden soll. Bei Bedarfsartikeln oder Artikeln in einer hohen Stückzahl darf der Aufbau strukturierter sein und das Reihungsprinzip angewendet werden. Möchten Sie Impulsartikel in Szene setzen, kommt das Tannenbaumprinzip infrage. Nutzen Sie hierfür weitere Aufbauelemente wie Podeste, Kisten, Koffer und originelle Objekte, damit auf dem Tisch der Mittelpunkt erhöht werden kann. In diesem Fall können die Produkte beliebiger angeordnet werden als bei dem klaren Reihungsprinzip.

©Carina Buhlert

Reihungsprinzip

©Carina Buhlert

Tannenbaumprinzip

Beginnen Sie nun mit dem Warenaufbau und arbeiten Sie, wie schon im Fenster, von groß nach klein. Größere Produkte in der Mitte, kleinere zu den Seiten hin. Nehmen Sie die Ware bitte aus der Verpackung, es geht ja ums Anfassen! Auf dem Boden sollte keine Ware stehen (außer Dingen, die auch in der Praxis so genutzt werden, wie zum Beispiel Papierkorb oder Eimer); als Alternative können die Produkte in Körben, Boxen et cetera präsentiert werden. Kontrollieren Sie den Aufbau immer wieder. Wenn Ware abverkauft wird (was ja hoffentlich oft der Fall sein wird), bitte gleich nachfüllen!

FAZIT: Kunden wollen die Waren anfassen, deshalb eignen sich zur Präsentation von Produktgruppen Tische besonders gut.

FRAGEN SIE SICH:

- **Werden bei uns viele Tische eingesetzt?**
- **Wird die Tischpräsentation immer wieder überprüft und gepflegt?**

4.7 MITTELRAUMWARENTRÄGER

Nachdem die Tische schön gestaltet wurden, ist nun der Mittelraumwarenträger dran. Gemäß dem Arenaprinzip wird er zwischen dem niedrigsten Warenträger und der Rückwand platziert - daher sein Name. In manchen Unternehmen wird er auch als »Gondel« bezeichnet. Das Möbel sollte so beschaffen sein, dass man noch gut darüber hinweg sehen kann, sonst wirkt es wie eine Barriere. Mittelraumwarenträger eignen sich am besten für einzelne Themen oder Warengruppen, die entweder in der Rückwand keinen Platz mehr finden oder farblich und thematisch ein eigenes Bild ergeben.

Es gibt sie in verschiedenen Ausführungen. Als niedriges Regal, von beiden Seiten zu bestücken oder mit einer Wandscheibe in der Mitte und eventuell links und rechts mit einem Kopfteil. Handelt es sich um einen flexiblen Warenträger, kann er sowohl mit Regalbrettern als auch mit einer Hakenreihe bestückt werden. Es gibt normale Haken (für lose, meist textile Ware, die an Clips befestigt wird) oder Blisterhaken (für Ware, die nur in einer Blisterverpackung angeboten wird). Wenn möglich, nehmen Sie die Regal- oder die normale Hakenvariante, da Blisterware selten attraktiv ist. Werden Regalbretter eingesetzt, dann bitte auf einen gleichen Abstand achten, sonst sieht es unordentlich aus. Haken sollten unbedingt auf einer gleichmäßigen horizontalen Höhe eingehängt werden, selbst wenn die Produkte, die daran hängen, unterschiedlich lang sind. Nur so ergibt sich ein ansprechendes Bild.

Welche Artikel sollen nun aufgebaut werden? Dafür müssen Sie vorab die Anzahl und somit den Platzbedarf ermitteln. Welcher Platz eignet sich dafür? Sind alle Argumente zur Sortimentsplazierung und zu den Verkaufszonen berücksichtigt worden? Es gilt die Regel: Attraktive Impulsartikel parallel zum Kundenlauf und Bedarfsartikel eher auf der Rückseite präsentieren. Bestücken Sie nun den Warenträger mit Brettern oder Haken. Legen Sie dann die Aufbauart fest. Im Regal und in der Rückwand eignet sich eher das Reihungsprinzip. Haben Sie mehrere Artikel aus einer Artikelgruppe in unterschiedlichen Höhen, beginnen Sie links mit den kleineren Produkten und werden Sie nach rechts immer höher.

Sortieren Sie die Farben. Pro Seite nur zwei bis drei Farben, die sich diagonal wie ein Schachbrettmuster wiederholen dürfen. Dies ergibt eine optische Balance. Oder Sie spielen mit den Produkten und setzen zum Beispiel größere und kleinere diagonal ein, das bringt Spannung. Haben Sie gleiche Produkte in unterschiedlichen Farben, arbeiten Sie nach dem Colorblocking-Prinzip wie in Kapitel 2 beschrieben. Da die »Vorkopf-Präsentationen« mehr im Fokus des Kunden liegen, sollte hier wieder ein besonderes Thema gespielt und im oberen Bereich eher inszeniert und dynamisch präsentiert werden. Platzieren Sie die Warenträger des Öfteren anders, so ergibt sich immer wieder ein neues, frisches Bild.

©Carina Buhlert

FAZIT: Warenträger im Mittelraum der Fläche eignen sich zur Auflockerung und zum Herausstellen einzelner Themen.

FRAGEN SIE SICH:

- **Wie bestücken wir unsere Mittelraumwarenträger?**
- **Werden sie von uns öfter neu platziert?**

4.8 RÜCKWANDGESTALTUNG

Jeder Store ist natürlich anders gebaut und jede Rückwand sieht entsprechend anders aus. Fachgeschäfte mit Stammabteilungen haben häufig sehr breite Wände mit vielen laufenden Metern. Diese können nur bedingt verändert werden, da die Produktpräsentation - im Bürobedarfshandel zum Beispiel bunte Papiere oder Stifte in verschiedenen Ausführungen - oft nur in der vom Hersteller empfohlenen Art sinnvoll ist. Aber auch in diesen Fällen, die wenig Spielraum für eigene Ideen lassen, sollte man darauf achten, dass das Farbenspiel harmonisch ist und trotz der Vielzahl der Produkte optische Ruhe vermittelt wird. Bei anderen Produkten sollten unbedingt Unterbrecher eingebaut werden. Nehmen Sie lieber nach zwei Metern eine Regalbretterreihe heraus und nutzen die freie Fläche für eine Inszenierung - zum Beispiel ein kleiner Tisch, auf dem besondere Stücke prominent platziert werden, oder ein schönes Bild (oder ein Text) zur Beruhigung der Augen.

Überbreite Rückwände brauchen Unterbrecher.
Rückwände werden auch in Zonen eingeteilt. Jede Zone und jeder Bereich hat eine unterschiedliche Wirkung auf den Kunden und dies macht sich im Abverkauf bemerkbar.

Die wichtigsten Zonen sind die Sicht- und die Griffzonen. Manche Artikel lassen sich besser verkaufen, wenn der Kunde sie sofort sieht, manche, wenn er sie in die Hand nehmen kann. Deshalb ist es sinnvoll, die Zonen hin und wieder zu tauschen, da der Kunde vielleicht eine andere Wahrnehmung hat. Zum verkaufsstärksten Bereich einer Rückwand gehört die Fläche rechts von der Mitte. Der Kunde bewegt sich auf die Rückwand zu und wird als Erstes nach rechts blicken. Durch gezieltes Aufbauen können Sie dieses Verhalten steuern und den Umsatz dadurch erhöhen. Produkte mit einer höheren Spanne sollten daher in den Fokus gerückt werden.

Einteilung der Zonen:

ZONE	HÖHE	WIRKUNG	NUTZUNG
STRECKZONE	> 170 cm	Für den Abverkauf eher gering.	*Kommunikation / aufmerksam machen auf das Warenthema*
SICHTZONE	120 bis 170 cm	Kunde hat den besten Blick auf die Ware.	*Artikel, die Kaufimpulse auslösen und sich schnell abverkaufen lassen*
GRIFFZONE	80 bis 120 cm	Kunde kann die Ware anfassen.	*Für Produkte, die eine schöne Haptik haben*
BÜCKZONE	< 80 cm	Kunde muss sich bücken, um die Ware zu sehen.	*Zweitplatzierung, schwere oder auffällige Artikel, für die man sich bückt*

Hier eine Übersicht im Abverkauf je nach Platzierung der Ware:

PLATZIERUNG	ART DER ARTIKEL	VERKAUFSSPANNE
WEITER OBEN (SICHTZONE)	Teure, hochwertige und empfindliche Artikel	*Artikel mit hoher Spanne*
WEITER UNTEN (GRIFFZONE)	Große, schwere, auffällige Artikel	*Geringwertige Artikel mit niedriger Spanne*
HORIZONTALE PLATZIERUNG	Artikel, die hervorgehoben werden sollen, in die Mitte, Bedarfsartikel in die Randzonen: rechts von der Mitte teure und große Artikel, links günstige und kleine Artikel	*In der Mitte Artikel mit hoher Spanne und zur Seite hin Artikel mit niedriger Spanne*

Machen Sie sich auch hier einen Plan, wie das Ganze aufgebaut werden soll. In welche Farb- oder Themengruppen können Sie die Rückwand einteilen? Passen die Themen zusammen oder sollte lieber etwas mit den Themen in den Mittelraumwarenträgern getauscht werden? Brauchen Sie Unterbrecher? Wenn ja: Sind diese symmetrisch oder in einem gleichen Rhythmus möglich? Sie müssen immer mit einem optischen Gleichgewicht arbeiten, da sonst der Aufbau vom äußeren Eindruck her »kippt«. Spiegeln bringt Ruhe. Das bedeutet wie beim Tannenbaumprinzip: große oder dunkle Produkte in die Mitte, kleinere oder hellere zur Seite hin. Haben Sie beispielsweise drei Wandscheiben zur Verfügung, könnte die mittlere mit Ware an Haken bestückt werden und rechts und links davon zeigen Sie Produkte auf Regalbrettern. Bilden Sie Farbreihen oder mixen Sie maximal zwei bis drei Farben, die Sie dann auch diagonal einsetzen.

Für den Aufbau gilt generell, dass die Regalbretter und Haken auf einer Höhe angeordnet sein sollten. Beginnen Sie dann mit jeweils einem Musterstück der größten und auffälligsten Artikel – den Eyecatchern – und verteilen Sie diese systematisch auf Ihrer Rückwand. So können Sie erkennen, ob das schon eine optische Balance hat. Nun werden Musterstücke der immer kleiner werdenden Produkte dazugestellt. Sieht diese Front stimmig aus, können Sie die restliche Ware einräumen.

Wenn möglich, sollte die Ware nicht in der Verpackung gezeigt werden – es sei denn, es handelt sich um einen eigens dafür gestalteten Karton mit Hinweisen auf die Funktion. In diesem Fall packen Sie ein Exemplar aus und stellen es vor die verpackten Produkte. Ziehen Sie die Artikel sowohl auf dem Regalbrett als auch an den Haken immer nach vorne. Haben Sie von einem Artikel zu wenige Exemplare und die Platzierung sieht »verloren« aus, verzichten Sie lieber ganz darauf und stellen die anderen Produkte etwas weiter auseinander. Sind die Produkte zu unterschiedlich und die Präsentation wirkt dadurch zu unruhig, stellen Sie ein Produkt doppelt oder

dreifach nebeneinander. Betrachten Sie den Aufbau immer aus der Ferne (Kundenweg/Laufrichtung) und fällen Sie dann ein Urteil. Die Präsentation an der Rückwand wird wie alle anderen immer wieder kontrolliert und gegebenenfalls wird nachgerückt beziehungsweise nachgefüllt.

FAZIT: Die Rückwand ist in Zonen unterteilt. Für die Bestückung braucht es einen Plan, die Ware wird nach einem bestimmten Prinzip aufgebaut. Die optische Balance spielt dabei eine wichtige Rolle.

FRAGEN SIE SICH:

- **Berücksichtigen wir bei der Rückwandgestaltung die unterschiedlichen Zonen?**
- **Probieren wir hin und wieder etwas aus?**

H&M Arket © Jörg Nowicki

ÜBEN, ÜBEN, ÜBEN!

Das Anordnen der Ware sollte nicht nur im Schaufenster geübt werden. Speziell der Warenaufbau in einer Rückwand ist eine große Herausforderung und muss unbedingt ausprobiert und immer wieder geprobt werden. Ich habe hierfür eine kleine »interaktive Übung« vorbereitet. Gehen Sie auf die angegebene Internetseite. Dort finden Sie die Vorlage einer Musterrückwand und diverse Warenmodule, die Sie beliebig oft ausdrucken können. Anschließend schneiden Sie die Module aus und probieren auf der Vorlage verschiedene für das Auge gefällige Warenaufbauten aus. Denken Sie an eine ansprechende Farbauswahl und an die Aufbauprinzipien, zum Beispiel Farbreihen bilden oder Farben diagonal einsetzen. Finden Sie eine gute Balance oder eine klare Struktur. Es gibt auch einen Ordner mit Lösungsvorschlägen. Diese sollten Sie erst anschauen, wenn Sie selbst schon einiges ausprobiert haben. Viel Spaß dabei und gutes Gelingen.

www.dfv-fachbuch.de/wahl_fachhandel

© Konzept: Karin Wahl / Grafik: Julia Steinberger

Mit Grünpflanzen Atmosphäre schaffen
© PROFLAX Textilmanufaktur GmbH & Co. KG

4.9 FOKUSPUNKTE SCHAFFEN

Wie ein Maler stehen Sie vor Ihrem fertigen Werk. Gehen Sie jetzt ruhig kurz vor die Tür. Kommen Sie mit einem Kundenblick wieder herein. Versuchen Sie sich in einen Neukunden hineinzudenken. Betrachten Sie Ihren kompletten Laden. Ist alles stimmig? Hat der Warenaufbau die richtige optische Balance oder braucht es noch Nachbesserungen? Haben Sie genügend Fokuspunkte oder Eyecatcher, die die Blicke auf sich ziehen? Vorne wie hinten? Wird der Kunde genügend inspiriert? Einzelne Abteilungen sind wie Bücher, sie brauchen ein ganz besonderes Cover, damit sie auch in die Hand genommen werden. Macht jedes »Abteilungscover« Lust einzutreten und sich umzusehen? Wenn nicht, dann dürfen Sie noch einmal ran.

Wie auf einer Entdeckungsreise Sehenswürdigkeiten anbieten.
Manchmal reicht schon eine schöne Grünpflanze, um das Ganze stimmungsvoll aufzulockern. Grünpflanzen waren in den 1980er-Jahren ziemlich angesagt und danach jahrelang verpönt. Der legendäre Ficus benjamini ist sogar heute noch in manchen Amtsstuben zu Hause – aber meist kann man nicht mehr als den blattlosen Stamm bewundern. Der »Urban-Gardening«-Boom hat den Grünpflanzen eine Renaissance beschert und sie schießen im Einzelhandel im wahrsten Sinne des Wortes wieder aus dem Boden. Grünpflanzen sind ein lebendiges und emotionales Element und sollen den »Zuhause-Charakter« unterstreichen: »Home away from home«. Suchen Sie sich eine schöne, moderne Pflanze aus, zum Beispiel eine Monstera oder eine Aloe vera, aber bitte keinen Ficus benjamini. Finden Sie für diese Pflanzen einen geeigneten Platz; sie brauchen natürlich auch ein wenig Pflege, damit es ihnen nicht so ergeht wie den vernachlässigten Exemplaren in deutschen Amtsstuben.

FAZIT: Damit der Kunde auf seiner Reise durch den Laden aufmerksam bleibt, sollten ab und zu Fokuspunkte seine Neugier wecken.

FRAGEN SIE SICH:

- **Gibt es bei uns genug spannende Eyecatcher?**
- **Setzen wir interessante, besondere Objekte als Fokuspunkte ein? Wohin würden sie passen?**

© Karin Wahl

4.10 PREISAUSZEICHNUNG UND PLAKATE

Nachdem Sie so schöne Warenbilder kreiert haben, will der Kunde natürlich auch etwas kaufen, und so folgt die Frage: »Was kostet das eigentlich?« Laut Preisangabenverordnung ist die Auszeichnung der Produkte im Laden gesetzlich vorgeschrieben. Die Preise müssen den angebotenen Waren eindeutig zuzuordnen sein. Und sie müssen leicht erkennbar und deutlich lesbar sein.

Sie haben mit Sicherheit schon ein System, mit dem Sie die Preise direkt an der Ware anbringen. Um es den Kunden noch einfacher zu machen, darf an den Regalbrettern zusätzlich der Endpreis stehen. So muss der Kunde die Ware nicht aus dem Regal nehmen und kann sich schon vorher informieren, was sie kostet. Es gibt vorgefertigte Schienen, in die Sie das Preisschild leicht einschieben können. Doch diese haben selten »Spirit« und sehen oft ein bisschen nach Supermarkt aus. Verwenden Sie doch lieber schöne Metall-Etikettenrahmen, die Sie an der Vorderkante des Regalbretts anbringen, und bestücken Sie diese mit vorher angefertigten Preisschildern. Das macht ein bisschen mehr Mühe, doch es wird wertig und interessant aussehen.

Die Ware im Verkaufsraum muss ausgezeichnet werden.
Bieten Sie Produkte gebündelt, also in Körben oder Ähnlichem an, können Sie mit einem gut gemachten Preisschild oder Plakat auf dieses Produkt hinweisen. Zeigen Sie auch hier Kreativität. Eine schön beschriftete Schiefertafel wirkt sehr stimmungsvoll. Der Trend geht generell zu von Hand geschriebenen Texten und Schildern und es gibt dafür unterschiedliche Schrifttypen. Wenn es in Ihrem Team niemanden gibt, der über eine schöne, gut lesbare Handschrift verfügt, geben Sie die Hinweisschilder in ein professionelles Grafikbüro. Wirken die Schilder halbherzig und laienhaft beschriftet, kann das leicht ins Auge gehen. Eine weitere Alternative wäre ein Plakatrahmensystem, das leicht zu bestücken ist. Einfache Klemmbretter sind günstig zu bekommen, Sie können sie aufstellen oder von der Decke hängen lassen. Drucken Sie Preise, wichtige Hinweise oder Aktionsinfos auf einem DIN-A4-Blatt aus, schieben Sie das Blatt ein (oder klemmen es dran) und fertig! Lassen Sie sich Ihre Vorlage von einem Profi erstellen. Auch die optische Aufteilung von Texten auf einem Plakat unterliegt gewissen Grundregeln.

FAZIT: Die Ware im Laden muss ausgezeichnet werden. Preisschilder und Plakate dürfen gerne kreativ gestaltet sein.

FRAGEN SIE SICH:

- **Wie sieht unsere Preisauszeichnung aus?**
- **Hat sie ein wenig Charme oder dürften wir uns ruhig etwas Neues ausdenken?**

© Ansorg GmbH, Mülheim

4.11 AUSLEUCHTEN IM LADEN

Ich biete auch sogenannte Store-Checks an. Das bedeutet, dass ich einen Laden ganz unvoreingenommen betrete – so wie jeder Kunde –, ihn dann aber mit all meinem Fach- und Hintergrundwissen beurteile, um einen eventuellen Optimierungsbedarf zu ermitteln. Was ich nach diesen Begehungen am häufigsten anspreche, ist das Licht. Entweder sind die Strahler nicht richtig eingestellt oder es ist zu dunkel, da Beleuchtungsmittel fehlen, oder es sind einfach zu viele Leuchtmittel defekt. Wenn man sich tagtäglich in diesen Räumen aufhält, verliert man den Blick für die Beleuchtung. Es ist wie zu Hause. Ist eine Lampe defekt, ist es erst einmal zu dunkel und das stört eine Weile; wird diese Störung aber nicht behoben, hat man sich irgendwann daran gewöhnt.

Ohne Licht ist alles nichts!

In einem Verkaufsraum trägt das richtige Licht am meisten zur Atmosphäre und zum Wohlbefinden bei, und das sowohl bei den Kunden als auch bei den Mitarbeitern. Fühlt sich der Kunde wohl, erhöht sich seine Verweildauer, was mehr Umsatz bedeuten kann. Studien haben ergeben, dass ein entsprechendes Beleuchtungskonzept eine Kaufentscheidung positiv beeinflusst.[4] In Kapitel 3, »Schaufenster«, habe

4 Vgl. Zumtobel Research: Limbic® Lighting: Höherer Umsatz durch zielgruppenspezifische Lichtlösung, Nicola Schweitzer, Gruppe Nymphenburg Consult AG, München, März 2015, S. 24.

ich die Ausleuchtung mit LED und ihre Vorteile angesprochen. Die Beleuchtungsindustrie entwickelt sich jedoch ständig weiter und bietet immer neue Leuchtkonzepte an. Bei »Human Centric Lighting« beispielsweise stehen der Mensch und sein Wohlbefinden im Mittelpunkt. Für den Einzelhandel bedeutet das, dass nicht nur die Ware akzentuiert angeleuchtet wird; darüber hinaus wird die Grundbeleuchtung dem Tagesablauf angepasst und unterschiedliche Bereiche, wie Kasse oder Lounge, werden mit verschiedenen Lichtfarben illuminiert. Denken Sie über ein neues Lichtsystem nach, sollten Sie all das berücksichtigen.

Ein modernes Beleuchtungskonzept passt sich den individuellen Bedürfnissen an.

Wie wird nun ein Laden richtig ausgeleuchtet? Zunächst brauchen Sie eine Grundbeleuchtung. Im hinteren Bereich eines Ladens sollte es heller sein, damit Ihre Kunden Lust verspüren, bis nach hinten durchzugehen. Niemand mag dunkle Ecken. Mit punktuellem Licht können dann Highlights auf den Fokusflächen herausgearbeitet werden, die als Blickfang dienen sollen. So entsteht eine gewisse Dreidimensionalität. Helle Ware braucht weniger Licht als dunkle. Farbige Produkte wirken mit Punktstrahlern noch lebendiger. Nach jedem neuen Warenaufbau sollte auch das Licht neu eingestellt werden. Unterschiedliche Ware benötigt unterschiedliches Licht. Richten Sie die Strahler wie im Schaufenster diagonal auf die Warengruppen, da so die Lichtausbeute größer ist. Die Kunden dürfen nicht geblendet werden. Betrachten Sie die Lichtsituation immer wieder aus weiter Entfernung, nur so entsteht ein Gesamteindruck.

Wie auf einer Bühne muss der Laden mit Licht inszeniert werden.

Achten Sie beim Strahlerstellen und Auswechseln der Leuchtmittel bitte auf sämtliche Sicherheitsvorkehrungen. Dies sollten nur Personen tun, die entsprechend eingewiesen wurden oder dafür autorisiert sind. Benutzen Sie eine Sicherheitsleiter, die hoch genug ist, um problemlos an die Strahler zu kommen. Sollte dies nicht ohne größeren Aufwand möglich sein, holen Sie sich einen Fachmann. Haben Sie noch herkömmliche Strahler, werden diese nach einiger Zeit sehr heiß. Benutzen Sie zum Anfassen einen dicken Handschuh oder ein Tuch. Überprüfen Sie regelmäßig die Funktion und tauschen Sie kaputte Leuchtmittel sofort aus.

FAZIT: Licht hat einen großen Einfluss auf das Wohlempfinden des Kunden. Mit dem richtigen Lichtkonzept wird die Ware optimal hervorgehoben. Beim Strahlerstellen unbedingt die Sicherheitsvorschriften beachten.

FRAGEN SIE SICH:

- **Ist unsere Lichtstimmung ausgewogen?**
- **Stellen wir das Licht immer wieder neu ein und wird die Funktion der Leuchtmittel ständig überprüft?**

Sneakstar, Flensburg © Architekten Nette + Hartmann

5

LETZTER BLICK

5.1 KASSENBEREICH

5.2 DER LETZTE EINDRUCK

5.3 CHECKLISTE

5.1 KASSENBEREICH

Ich hatte in einem Laden für Geschenkartikel einige Produkte ausgesucht und musste nun an der Kasse anstehen. Mein Blick schweifte zu der Ablage hinter dem Counter. Dort standen verschiedene Getränkeflaschen, auf die mit Filzstift die Namen der Mitarbeiter geschrieben waren. Okay, es war Sommer und an diesem Tag besonders heiß. Natürlich muss das Personal dann viel trinken. Aber diese Flaschen wären besser an einem Platz aufgehoben, der nicht unbedingt einsehbar ist. Hinter der Kasse sollte eine gewisse Ordnung herrschen; am besten stellen Sie dort gar nichts ab.

Moderne Ladenkonzepte sehen überhaupt keinen Kassentresen mehr vor, stattdessen gibt es einen freistehenden Tisch, auf dem der Kaufabschluss getätigt wird. Dies soll den wohnlichen Charakter des Ladens unterstreichen und die Barriere zwischen Verkaufspersonal und Kunden abbauen. Auf diese Weise kommt es auch nicht zu »Ansammelgrüppchen« mit allerlei Krimskrams. Tesa-Abroller, Scheren und Kugelschreiber dürfen in einer Schublade verschwinden. Ich weiß, der Raum hinter dem Tresen ist für das Verkaufspersonal ein sicheres Terrain. Doch nur davor hat man den Kundenblick. Was sieht Ihr Kunde und was sollte er besser nicht sehen? Hat er genügend Platz, um seine Ware abzulegen? Gerne wird der Platz auf der Theke für Aufsteller, Warenangebote, Prospekte oder Ähnliches genutzt. Wenn ich als Kunde dann nicht einmal den Platz habe, meinen Geldbeutel abzulegen und zu öffnen, werde ich mir überlegen, ob ich das in Zukunft in diesem Laden noch machen möchte.

Im Kassenbereich so wenig wie möglich abstellen.

Machen Sie aus dem Kassiervorgang etwas Besonderes. Schlagen Sie die Ware in schönes Seidenpapier mit einem originellen Aufkleber ein. Stecken Sie eine kleine Aufmerksamkeit dazu. Dies kann zum Beispiel ein Schokoherz sein oder ein Kärtchen mit einem liebevollen Spruch darauf. Eine schöne Schleife in Ihrer Firmenfarbe an den Griff gebunden macht aus Ihrer Tüte etwas Unvergleichliches. Und wenn der Kunde die Tüte zu Hause auspackt, freut er sich und wird bestimmt wiederkommen.

FAZIT: Im Kassenbereich sollte Ordnung herrschen. Man kann den Kassiervorgang auch zelebrieren und die Kunden mit kleinen Aufmerksamkeiten erfreuen.

FRAGEN SIE SICH

- **Wie sieht es rund um den Kassentresen aus?**
- **Stellen wir uns bewusst ab und zu mit dem Kundenblick vor den Tresen?**

Modehaus Mensing, Bottrop / Design Moysig © Joachim Grothus

5.2 DER LETZTE EINDRUCK

Der erste Eindruck in einem Laden ist wichtig, der letzte mindestens genauso. Mit diesem Bild wird der Kunde verabschiedet, geht nach Hause und wird sich zurückerinnern. Alles muss perfekt aussehen. Nur in einem ordentlichen Verkaufsraum fühlt sich der Kunde wohl. Also: keine toten Fliegen, keine grauen Wollmäuse, keine abgestellten Kartons, keine unansehnlichen Abfalleimer, keine offenen Lagertüren. Die wenigsten von Ihnen werden Umkleidekabinen haben. Wenn doch, ist gerade hier auf äußerste Sauberkeit zu achten. Die Spiegel gerne täglich putzen. Bieten Sie Kundentoiletten an, sollten diese bitte nicht als Abstellraum genutzt werden und immer picobello sauber sein. Dies ist ein sehr sensibler Bereich und braucht besondere Aufmerksamkeit. Am besten kontrollieren Sie diese Räume mehrmals am Tag.

Schenken Sie Kaffee oder andere Getränke aus, müssen Sie sich genau überlegen, wie Sie den Ablauf handhaben. Was ist mit dem benutzten Geschirr? Gibt es eine Möglichkeit, es verschwinden zu lassen, ohne dass Sie lange Wege zur Küche zurücklegen müssen? Vielleicht kann man eine Schublade oder Nische in der Nähe so ausstatten, dass der Kunde sie von selber findet und brav sein Geschirr darin abstellt. »Blätterecke« für die wartende Begleitung? Bitte prüfen Sie die ausliegenden Magazine regelmäßig: Sind sie noch ansehnlich und aktuell?

Der Laden muss für den Kunden immer perfekt aussehen.

Der letzte Blick muss immer mit den Augen des Kunden erfolgen. Ist alles perfekt und an seinem richtigen Platz? Sind die Inszenierungen noch ansprechend? Gibt es noch irgendwelche Störer? Genauso, wie Sie jeden Morgen in den Spiegel schauen, um sich zu vergewissern, dass Sie wirklich perfekt für Ihre Kunden aussehen, muss das mit Ihrem Laden passieren. Ihr Kunde wird sich mit einem erneuten Besuch bei Ihnen bedanken.

FAZIT: Den letzten Eindruck nimmt ein Kunde mit. Nur in einem ordentlichen Verkaufsraum wird er sich wohlfühlen. Dies muss ständig überprüft werden.

FRAGEN SIE SICH:

- **Wie oft gehen wir mit dem Kundenblick durch den Laden?**
- **Werden Störer immer sofort entfernt?**

Hier wartet man als Shopping-Begleitung doch gerne.
©BUTIQ Concept Store

5.3 CHECKLISTE

Reiseveranstalter legen den Reiseunterlagen gerne eine Checkliste für den Urlaubskoffer bei. Es wäre doch fatal, wenn jemand auf einer einsamen Insel landet und plötzlich merkt, dass er seine Lesebrille vergessen hat. Ihre Kunden begeben sich bei Ihnen auch auf eine Reise, die für sie so perfekt und reibungslos wie möglich sein soll. Damit sich Ihr Laden zu jeder Zeit tipptopp präsentiert und Sie nichts übersehen, hilft eine Checkliste. Wie schon beim Schaufenster sollten Sie und Ihre Mitarbeiter eine auf Ihre Gegebenheiten abgestimmte Liste erstellen. Anbei eine Mustervorlage, an der Sie sich orientieren können.

Vielleicht haben Sie bereits Verantwortungsbereiche an die Mitarbeiter verteilt, damit das ganze Team das Thema Ordnung und Sauberkeit mitträgt. So kann mit Sicherheit jeder zur Erstellung dieser Checkliste etwas beitragen. Nutzen Sie diese Liste jeden Tag. Schließlich haben Sie ja auch jeden Tag Reisende, Besucher und Kunden. Legen Sie fest, wann ein Rundgang gemacht werden soll und wer diesen ausführt. Mit der Checkliste und am besten mit einem Staubwedel ausgestattet, stellen Sie sicher, dass Ihr Laden immer einen wertigen Eindruck macht. Für Kunden mit oder ohne Lesebrille.

Qualität ist das Produkt der Liebe zum Detail. Andreas Tenzer

FAZIT: Eine auf den Laden abgestimmte Checkliste hilft Ihnen, alles Wichtige im Blick zu haben und nichts zu übersehen. Sie sollte jeden Tag genutzt werden.

FRAGEN SIE SICH:

- **Wird bei uns mit einer Checkliste gearbeitet?**
- **Wenn ja, wie oft?**

CHECKLISTE INNENRAUM

NAME: DATUM:

	Ja	Nein	Was tun?	Erledigt?
MÖBEL GERADE?	☐	☐	______	☐
WARENTRÄGER RICHTIG BESTÜCKT?	☐	☐	______	☐
WARE AUF DEN FRONTTISCHEN O.K.?	☐	☐	______	☐
PLAKATE RICHTIG ZUGEORDNET?	☐	☐	______	☐
ALLE STRAHLER IN FUNKTION?	☐	☐	______	☐
FLÜSSIGER KUNDENLAUF MÖGLICH?	☐	☐	______	☐
INSZENIERUNGSINSELN NOCH O.K.?	☐	☐	______	☐
KASSENBEREICH IN ORDNUNG?	☐	☐	______	☐
LOUNGEBEREICH ORDENTLICH?	☐	☐	______	☐
PODESTE/BODEN SAUBER?	☐	☐	______	☐
STEHEN KARTONS ETC. HERUM?	☐	☐	______	☐
MÖBEL/DISPLAYS O.K.?	☐	☐	______	☐
GRÜNPFLANZEN NOCH TADELLOS?	☐	☐	______	☐
LAGERTÜR GESCHLOSSEN?	☐	☐	______	☐
SONSTIGES ______	☐	☐	______	☐

©Karin Wahl

Ortloff GmbH, Köln ©mauricecoxfotografie

6

BRANCHEN UND SPEZIELLE KONZEPTE

© PROFLAX Textilmanufaktur GmbH & Co. KG

6.1 CONCEPT STORE/POP-UP-STORE

In Kapitel 1.2 habe ich beschrieben, was einen Concept Store ausmacht. Es braucht ein ganz besonderes Gespür für die Auswahl der Produkte, viel Mut und einen langen Atem, bis man herausbekommen hat, was beim Kunden ankommt und was nicht. Auch bei der Präsentation ist außergewöhnliches Feingefühl gefragt. Was kann gut miteinander kombiniert werden und was tut eher weh? Sie brauchen ein variables Ladenbausystem, da Ihre Produkte mal winzig klein und dann wieder sehr groß sein können. Nutzen Sie darüber hinaus originelle Warenträger, wie zum Beispiel eine alte Werkbank für eine besondere Tischinszenierung als Kontrast zu modernen Produkten. Möchten Sie zusätzlich Mode anbieten, dann empfehle ich Ihnen die Lektüre meiner zwei Bücher, die sich speziell mit der Warenpräsentation im Modehandel beschäftigen.[5]

Beim Pop-up-Store ist alles Unmögliche möglich. Doch Vorsicht! Ihre Kunden müssen sich trotzdem zurechtfinden, ein normaler Kaufabschluss muss durchführbar sein und die Kunden sollten den Shop von außen deutlich als solchen erkennen. Es gibt ein Kreidespray, das man gut für die Außenwerbung nutzen kann. Es lässt sich problemlos abwaschen (oder der Regen erledigt das für Sie).

5 Karin Wahl: Visual Merchandising. Warenpräsentation im Modehandel. Band 1: Schaufenster; Band 2: Verkaufsfläche, dvf-Mediengruppe 2014.

Hier noch ein paar Regeln für spezielle Store-Konzepte:

CONCEPT STORE MIT MODE	• Nur auf kleine Kapselkollektionen konzentrieren • Saison beachten • Stapelware ordentlich stapeln • Figuren als Eyecatcher • Ware auf hochwertige Bügel ziehen und zuvor bügeln
CONCEPT STORE MIT LIFESTYLE-PRODUKTEN	• Neue Trends nutzen • Die Wünsche der Kunden herausfinden und erfüllen • Neuheiten in den Vordergrund • Hinweistafeln mit Erklärungen dazu, wenn nötig • Licht auf Highlights stellen
CONCEPT STORE MIT BEAUTY	• Verpackungen im Reihungsprinzip aufstellen • Links kleinere Verpackungen, nach rechts größer werden • Tester anbieten • Hygiene bei »Testbar« / wertige Tücherbox und Abfalleimer • Spiegel bereithalten
CONCEPT STORE MIT FOOD	• Haltbarkeitsdatum beachten • Immer das jüngste Datum nach vorne • Preisauszeichnung beachten (siehe Kapitel 6.10) • Auf absolute Hygiene achten • Beschädigte Verpackungen sofort entfernen
POP-UP-STORE	• Werbewirksame Außenwerbung / Zeitpunkt kommunizieren • Auf ausreichend Licht achten • Gibt es kein Licht, genügend Stehlampen aufstellen • Stolperfallen (z. B. herumliegendes Kabel) vermeiden • Originelle Warenpräsentation, z. B. Produkte aufhängen oder an die Wand nageln, wenn es der Raum zulässt

©Normann Copenhagen Pop up Shop

FREITAG Store, Mailand ©Claudia Zalla

© Suitsupply

6.2 MODE/ACCESSOIRES PLUS LIFESTYLE-ARTIKEL

Sie haben einen Fashion-Store und verkaufen auch Schuhe und Accessoires? Möchten Sie Lifestyle-Artikel wie Bücher, Geschenke oder Ähnliches anbieten, präsentieren Sie diese am besten auf schönen Tischen. Hier können Sie einen ansprechenden Mix aus Stapelware, Taschen, Schuhen und Lifestyle-Artikeln aufbauen. Achten Sie dabei auf das Farbenspiel und die Themen. Für kleine Produkte wie Handschuhe oder Gürtel eignen sich zum Präsentieren geschmackvolle Schalen und Boxen, die Sie gleich mitverkaufen können. Berücksichtigen Sie dies beim Einkauf und achten Sie darauf, dass sich die Hartware farblich und vom Style her mit Ihrer Modekollektion »verträgt«. Nutzen Sie die Artikel auch für die Gestaltung im Regal. Steht zwischen Ihrem Modesortiment hin und wieder eine Vase oder ein Buch, ist das eine schöne optische Auflockerung.

Stellen Sie Kleinmöbel wie Tische, Sessel oder Kommoden dazwischen, die auch verkäuflich sind; so schaffen Sie eine wohnliche Atmosphäre. Generell gilt: Bieten Sie nur vereinzelt besondere Stücke an, sodass Sie öfter wechseln müssen. Die immer gleichen Zusatzartikel wirken auf den Kunden auf die Dauer langweilig.

Hier noch ein paar Regeln für Mode/Accessoires/Lifestyle:

MODE DAMEN	• Kollektionsthemen zusammenfassen • Farblich harmonisch kombinieren • Highlights als Frontpräsentation • Bei Seitenpräsentation Farben und Hängehöhen abwechseln • Figurenpräsentation als Fokuspunkte
MODE HERREN	• Anzüge in Griffhöhe seitlich hängen • Darüber Frontpräsentation mit Hemd und Krawatte • Büsten zur Unterstützung der Präsentation • Socken, Gürtel und Krawatten farblich sortieren und im Farbverlauf hängen oder legen • Hemden in Rückwandregalen im vertikalen Farbverlauf von hell (links) nach dunkel (rechts)
MODE KINDER	• Symmetrischer Aufbau ist zu empfehlen • Rückwände so ruhig wie möglich gestalten, da die Ware meist sehr bunt ist • Bündeln in Farbfamilien • Frontpräsentationen bringen optische Ruhe • Jeans oder unifarbene Teile dazwischen zur optischen Beruhigung
ACCESSOIRES UND SCHUHE	• Taschen und Schuhe nach Farben und Themen ordnen • Taschen und Schnürschuhe immer ausstopfen • Tücher und Schals in Farbfamilien präsentieren • Schuhe gerade und in eine Richtung zeigend aufstellen • Einzelne Schuhe nie von der Innenseite zeigen
ZUSÄTZLICHE LIFESTYLE-ARTIKEL	• Bei der Präsentation bringt das Reihungsprinzip Ruhe • Lieber einen Artikel öfter zeigen, zu viele verschiedene verwirren • Immer den gesamten Aufbau betrachten, damit das Bild ausgewogen ist • Artikel auch in Funktion zeigen, z. B. eine Schale, in der Wattepads liegen • Bücher auch aufgeschlagen präsentieren

Leffers, Oldenburg ©Karin Ullrich

Manches SOLLTE
man einfach liegen lassen.
Mich im Bett zum
Beispiel.

©Maas, Bassum

6.3 HOME

Kennen Sie den neuen »Hygge«-Trend? Das Wort kommt aus dem Dänischen und kann in etwa mit »Gemütlichkeit« übersetzt werden. Es geht bei diesem Trend um die Kunst, die einfachen Dinge des Lebens zu genießen, unseren hektischen Alltag zu entschleunigen und es sich zu Hause richtig schön gemütlich zu machen. Das Gute an »Hygge«: Die Nachfrage nach schön designten Interior-Produkten steigt. Wenn Sie hauptsächlich Produkte aus diesem Bereich verkaufen - zum Beispiel Kissen, Decken, Tischwäsche und Bettwäsche -, sollten Sie diesen Trend auch herausstellen. Heimelige Atmosphäre überall. »Sexy« Produkte wie das flauschigste Plaid, das Sie haben, in den Vordergrund und weniger attraktive, wie Füllungen oder Matratzen, in den Hintergrund.

Bieten Sie einen Nähservice an, so sollten Sie sich bei den Musterstoffen etwas einfallen lassen. Sie könnten sie beispielsweise an einer Ecke mit Ösen versehen und dann an der Wand an Haken oder an Seilen von der Decke hängen lassen, das hat etwas Besonderes. Wenn Sie dann noch eine alte Nähmaschine dazustellen oder das Atelier ganz offen zeigen, rückt die Tradition des Nähens wieder in den Fokus und der Kunde hat etwas zum Schauen.

Hier noch ein paar Regeln für den Home-Bereich:

KISSEN	• Immer im Regal in Farbfamilien bündeln • Vertikale Farbreihen bilden, links die helleren, rechts die dunklen • Kleine Kissen oben, große unten • Wenn nötig, Hüllen bügeln oder dämpfen • Möglichst viel mit anderen Artikeln mixen (Zusatzverkauf)
DECKEN	• Stapelware akkurat stapeln • Wenn nötig, dämpfen oder bürsten • Wechsel zwischen »lässig« drapiert und ordentlich gestapelt • Möbelstücke zum Darüberlegen nutzen • Auf optische Ruhe achten, nicht zu viele verschiedene Decken anbieten
TISCHWÄSCHE	• Zu viele verschiedene Größen wirken im Regal selten attraktiv • System überlegen, bei dem sich der Kunde selbst zurechtfindet • Zusatzartikel wie Sets im System anbieten (Colorblocking) • Viele Möglichkeiten bieten, Tischdecken offen zu zeigen • Bei offenen Präsentationen unbedingt bügeln
BETTWÄSCHE	• Wirkt am besten auf Kissen und Zudecke aufgezogen • So viel wie möglich offen präsentieren • Lieber öfter wechseln • Unbedingt bügeln • Im Regal Ruhe schaffen durch Bündelung von hell nach dunkel
MUSTERSCHALS	• Angebot straffen • Originelle Präsentation • Szene mit Accessoires wie Schere, Faden etc. schaffen, um auf den Nähservice hinzuweisen • Ordentliches System bei Musterbüchern, alte Bücher aussortieren • Und immer wieder gerade ausrichten

© PROFLAX Textilmanufaktur GmbH & Co. KG

© Tischideen & Ambiente, Geisingen am Bodensee

6.4 HAUSHALT

Jeden Tag laufen zig Koch-, Back- und Grillshows im Fernsehen und gefühlt werden es immer mehr. Kochen ist in und Grillen mindestens genauso. Da gehört das gemeinsame Essen an einem schön gedeckten Tisch natürlich dazu. Doch wie präsentiert man in einem Laden, der sich auf Haushaltswaren spezialisiert hat, all die unterschiedlichen Dinge, die dafür notwendig sind?

Selbstverständlich haben Sie Themen wie Kochen, Backen, Grillen, Porzellan, Glas und so weiter schon zusammengefasst und auch im Verbund präsentiert. Bei der Präsentation im Regal ist wichtig, dass die Artikel symmetrisch aufgebaut werden. Durch die Vielzahl der Produkte schleicht sich sonst schnell eine optische Unruhe ein. Hier gilt die Faustregel: große Artikel unten, kleine oben, die attraktivsten in Sichthöhe. Bei Hängeartikeln wie Kochlöffeln und Schöpfkellen die Haken alle auf einer horizontalen Höhe einhängen.

Haben Sie sehr breite Rückwände, sollten Sie zwischen den Themen Unterbrecher einbauen. So kann sich der Kunde besser orientieren und weiß, wann ein neues Thema anfängt. Nutzen Sie das für eine Inspirationsinsel. Bauen Sie mit den Highlights des jeweiligen Themas und dazu passenden Zusatzartikeln eine schöne Szene auf, die Appetit macht, zum Beispiel: Kochtöpfe mit Nudeln und karierten Deckchen. Inszenieren Sie solche Szenen auch auf Tischen vor der jeweiligen Abteilung. Sie wissen ja inzwischen, wie wichtig das Anfassen ist!

Hier noch ein paar Regeln für Haushaltswaren:

PORZELLAN	• Von klein nach groß stellen • Horizontal das gleiche Produkt / vertikal in Farbstreifen arbeiten • Bei Tassen den Henkel immer nach rechts drehen • Aufsteller für Teller und Platten verwenden • Komplettes Service im Karton in die Bückzone
GLAS	• Bei transparentem Glas mit optischen Unterbrechern arbeiten • Als Kontrast z. B. mit einfarbigen kleinen Decken spielen • Kontraste diagonal einsetzen • Farbiges Glas in Farbfamilien zusammenfassen • Eventuell matte Fachböden, z. B. in Holzoptik, nutzen
TÖPFE/PFANNEN	• Das sind reine Bedarfsartikel, sie dürfen nach hinten • Kleine Töpfe oben, große nach unten • Hängende Pfannen symmetrisch anordnen • Bei gestapelten Pfannen den Henkel nach rechts drehen • Fingerabdrücke auf glänzenden Materialien sofort entfernen
TEXTIL	• Geschirrtücher eher locker präsentieren (z. B. an Haken knoten) • Als Kontrast bei der Präsentation von Töpfen nutzen • Schürzen auf einer Büste präsentieren • Alle Textilien vorher bügeln
SONSTIGES	• Kontraste setzen mit viel Naturmaterialien, z. B. Kisten und Körbe für kleine Produkte • Mit alten Küchenmöbeln heimelige Atmosphäre herstellen • Schiefertafeln zum Beschriften nutzen • Karodecken schaffen »Bistroatmosphäre« • Back-, Koch- und Grillshows bzw. -workshops anbieten

Küchenprofi ©Carina Buhlert

©Mister Spex GmbH, Berlin

6.5 BRILLEN/SCHMUCK

Was haben Brillen- und Schmuckgeschäfte gemeinsam? Ziemlich viel! In beiden Branchen werden eher kleine Produkte angeboten, die optisch leicht untergehen. Um gerade im Schaufenster genügend Aufmerksamkeit zu erregen, sollte bei der Präsentation mit zusätzlichen, gut ausgewählten Gestaltungselementen gearbeitet werden, die auf die jeweilige Produktaussage abgestimmt sind. Die Palette reicht von »hochwertig« bis »günstig« und von »klassisch« bis »trendig«. Hochwertige Produkte werden eher in kleiner Anzahl und auf edlen Materialien präsentiert. Bei günstigen Produkten ist auch eine größere Menge denkbar.

Richtet sich das Angebot an ein eher konservatives Publikum, darf die Inszenierung klarer und strukturierter sein. Modischere oder trendigere Artikel von Designermarken werden hingegen auffälliger inszeniert. Wie das geht, habe ich in Kapitel 3 beschrieben; man kann diese Fertigkeit darüber hinaus in Workshops der jeweiligen Branche erlernen (für Optiker gibt es beispielsweise die Rodenstock-Akademie). Im Inneren von Schmuck- und Brillenläden braucht es eine besondere Atmosphäre, da man sich in diesen Geschäften meist länger beraten lässt und entsprechend länger aufhält. Verwenden Sie nur warmes, gedämpftes Licht, der Kunde soll sich ja gut fühlen. Eine kleine Erfrischung oder ein Espresso lockert das Verkaufsgespräch ein wenig auf.

Hier noch ein paar Regeln für die Themen Schmuck und Brillen:

BRILLEN (SCHAUFENSTER)	• Mit einer originellen Inszenierung Aufmerksamkeit erregen • Auf die Fernwirkung achten • Produkte in Sichthöhe platzieren • Weniger ist mehr, 2 bis 3 Brillen pro Gruppe reichen aus • Unendliche »Brillenfächer« sind nicht mehr zeitgemäß
BRILLEN (INNENRAUM)	• Themen, z. B. Sonnenbrillen, zusammenfassen • Auf Themen mit Schrift oder Imagefotos hinweisen • Marken mit Logotafeln herausstellen • Ausreichend Licht und Spiegel • Ablageflächen sollten möglichst frei sein
ZUSATZARTIKEL	• Etuis nach Farben sortieren • Putztücher als Mitnahmeartikel im Kassenbereich zeigen • Kontaktlinsenutensilien an einer unauffälligen Stelle platzieren • Nicht hinter der Kasse abstellen, sieht nicht attraktiv aus • Eventuell reicht nur eine Hinweistafel
SCHMUCK (SCHAUFENSTER)	• Schmuck in Gruppen zusammenfassen • Sternförmig oder im Dreieck aufbauen • Gleiche Artikel, z. B. Ringe, in eine Reihe stellen • Wertige Gestaltungselemente oder Imageplakat dazu • Preisschilder parallel zur Scheibe stellen und öfter kontrollieren
SCHMUCK (INNENRAUM)	• Hochwertigen Schmuck in Vitrinen präsentieren, gerade ausrichten • Offenen Schmuck, wie Ringe, zum Anprobieren sichern • Auf Qualität hinweisen • Geeignete Schmuckhalter benutzen • Zur Abwechslung eine ungewöhnliche Präsentation zeigen, z. B. ein Stück Treibholz als Kontrast

©DFROST für Cadenzza, Special VM Installation

©Manufactum, Waltrop

6.6 GESCHENKARTIKEL

»Kleine Geschenke erhalten die Freundschaft, große die Wirtschaft!« Da ist etwas dran und Geschenkartikelläden profitieren davon. Ganz ehrlich: Ich möchte in einem solchen Laden nicht Einkäuferin sein. Man muss doch in einen Rausch verfallen bei all den schönen Dingen! Leider sieht man es manchen Sortimenten auch an, dass sich da jemand nicht beherrschen konnte, und so sieht sich der Kunde mit einer zu großen Auswahl konfrontiert. Die Frage lautet also: Wie präsentiert man geschickt diese Vielzahl von Produkten und wie bleibt der Kunde aufmerksam?

Das Schaufenster sollte nur ein paar ausgewählte Stücke zeigen, die neugierig machen, den Laden zu betreten. Auf der Fläche ist es sinnvoll, die Produktgruppen zusammenzufassen. Ist die Ware bunt und gemustert, darf sie zwar für sich sprechen, sollte aber zur optischen Beruhigung mit unifarbenen Artikeln kombiniert werden - entweder diagonal angeordnet oder in Farbreihen. Sehen Sie sich den Aufbau aus der Entfernung an; wenn eine Gestaltung zu »laut« ist, sollten Sie lieber optisch abschwächen. Ist die Ware komplett in einer Farbe, wie zum Beispiel Weiß, kann das sehr anmutig aussehen, aber auch langweilig rüberkommen. Im letzten Fall sollten Sie die unifarbene Ware mit Produkten kombinieren, die einen Kontrast bilden und dadurch den Aufbau spannender machen.

Hier noch ein paar Regeln für Geschenkartikel:

SCHAUFENSTER	• Geschichten erzählen, wie z. B. Geburtstagsparty • Entsprechende Szene aufbauen • Nicht mit Produkten überfrachten • Weniger ist mehr (pro laufendem Meter ca. 5 bis 10 Produkte, je nach Größe) • Preisauszeichnung muss den Produkten zuzuordnen sein
GEBRAUCHS-ARTIKEL	• Produkte in Verwendung zeigen, z. B. Dose mit Keksen • Alternative Verwendung anbieten, z. B. Pflanze oder Stifte in Dose • Hinweistafeln mit Verwendungsmöglichkeiten dazustellen • Bei Ware im Karton zumindest ein Muster auspacken • Wenn möglich, Plastikverpackung entfernen
PAPETERIE	• In Farbfamilien oder Themen bündeln • Kreativität anregen, z. B. zeigen, was man mit Tapes alles machen kann • Produkte im Einsatz zeigen, z. B. Stempel auf Papier • Bei Stiften genügend Möglichkeiten zum Ausprobieren bieten • Einpackservice anbieten / Musterverpackungen ausstellen
TEXTILIEN	• Tücher, Schals, Handschuhe in originelle Kisten oder Körbe packen • Kissen mit Füllung zeigen • Schürzen, T-Shirts oder Ähnliches bügeln • Decken rollen oder anders präsentieren, z. B. an einem Haken an der Wand hängend (eignet sich auch für andere Textilien)
SAISONARTIKEL	• Zusätzliche Gestaltungselemente rechtzeitig organisieren • Stimmung im Laden passend zu den jeweiligen Festen (Weihnachten, Ostern etc.) erzeugen • Genügend Inspirationen für das Schenken anbieten (z. B. Freundinnen-Tisch) • Platzangebot im Auge behalten, lieber öfter nachbestücken • Besonders zu Weihnachten Einpackservice, eventuell auch Lieferung anbieten

Ortloff GmbH, Köln ©mauricecoxfotografie

Behrens & Haltermann, Itzehoe ©Whitehall Photographie, Paul Schimweg

6.7 SPORT/SPIEL

Ich habe die Branchen »Sport« und »Spiel« zusammengefasst, da sie, gerade was die Warenpräsentation angeht, vieles gemeinsam haben. Beide haben mit den unterschiedlichsten Größen, Formen und Themen zu tun. Die Produkte im Sporthandel reichen vom Tischtennisball (klein) bis zur Torwand (groß) und jeder Artikel soll attraktiv präsentiert werden. Im Spielwarenhandel gibt es sowohl Miniaturpüppchen und kleine Modellautos als auch riesige Puppenhäuser und Rennbahnen. In beiden Branchen sind die Artikel meist bunt und auffällig gestaltet. Es gibt sowohl Hängeartikel als auch große Kartons oder Objekte, die man komplett aufbauen muss, damit der Kunde sich eine Vorstellung davon machen kann (zum Beispiel eine Tischtennisplatte oder ein Indianerzelt).

All dies muss sehr klug überlegt und präsentiert werden. Geben Sie den Besonderheiten viel Platz. An zugestellten Gängen haben Ihre Kunden keinen Spaß. Bei der Regalpräsentation haben Sie nur eine Chance: Bringen Sie die Regalbretter horizontal alle auf eine Höhe. Die oberen Bretter (für die kleineren Artikel) können einen geringeren Abstand zueinander haben und nach unten dürfen die Abstände für die größeren Artikel größer werden. Wenn es möglich ist, behalten Sie dieses System sogar im ganzen Laden bei. Das schafft bei der Vielzahl der Produkte optische Ruhe.

Hier noch ein paar Regeln für Sport und Spiel:

SPORTMODE	• Nach Kollektionen, Themen und Farben sortieren • Lieber auf einen fortlaufenden Größenspiegel verzichten • Auf Funktionen mit Bild oder Text hinweisen • Fokusflächen mit Figuren und dazugehörigen Accessoires, wie z. B. Rucksack und Wanderstock, schaffen • Ware bügeln bzw. bei Kunststoffmaterialien aus Entfernung mit Dampf glätten
SPORTGERÄTE	• Von klein nach groß aufstellen • Aktionsflächen zur Einstimmung auf die jeweilige Saison • Hängende Artikel wie Tennisschläger alle auf einer Höhe zeigen • Genügend Platz zum Ausprobieren anbieten • Für die Fernwirkung können Produkte von der Decke hängen (z. B. Rucksäcke)
SPORTSCHUHE	• Bedarfsschuhe (Tennis, Laufen, Fußball usw.), die gezielt gesucht werden, nach hinten • Trendschuhe (moderne Sneaker) in den vorderen Bereich • Nie von der Innenseite zeigen • Ausstellungsstücke immer schnüren und Schnürsenkel innen verstecken • Verschiedene Bodenbeläge zum Ausprobieren der Schuhe anbieten
SPIELWAREN (KLEIN)	• Transparente Plexicubes für Kleinteile. • Nicht zu knapper Regalabstand (Ware muss noch erreicht werden) • Regaltrenner benutzen • Hängeware im oberen Bereich • Farblich sortieren
SPIELWAREN (GROSS)	• Größere Artikel eher im unteren Bereich präsentieren • Ordentlich in einer Reihe aufstellen (z. B. Puppenwagen) • Produkte auf einem Podest wirken wertiger • Tische nutzen: unten Kartons, oben Produkte ausgepackt • In der Streckzone zur Orientierung Hinweise auf Spielzeugart

© MuKK® Kinderkaufhaus, Münster

Siebter Himmel, Köln / Entwurf: Beate Wild ©Susanne Fern

6.8 BÜROARTIKEL/BÜCHER

Vermutlich hat jeder eine bestimmte Vorstellung von einem Büroartikelladen oder einer Buchhandlung. Es gibt aber auch in diesen Branchen Konzepte, die die herkömmliche Art der Warendarbietung auf den Kopf stellen. Aktuelle Beispiele sind »Ortloff Bürobedarf« und der Buch- und Design-Shop »Siebter Himmel« in Köln. Beide Geschäfte eint ein unkonventioneller Ansatz – sowohl bei der Auswahl der Ware als auch beim Ausstellen, Präsentieren und Inszenieren der Produkte. Man taucht sofort ein in eine stimmungsvolle und verführerische Welt und wird den Laden in der Regel nicht ohne eine gut gefüllte Tüte verlassen.

Aber was ist nun genau das Besondere? In innovativ gestalteten Läden haben die üblichen Regale ausgedient. Viele Produkte werden auf Tischen präsentiert und laden zum Anfassen ein. Der Kreativität sind keine Grenzen gesetzt: extravagante Büromaterialien kombiniert mit edlen Geschenkartikeln und dazwischen ein Lastenfahrrad, auf dem Kaffeespezialitäten angeboten werden. Bücher nicht nach Genre sortiert, sondern nach Farben. Dazwischen entzückende Kaffeetässchen, die sofort Lust machen, sich mit einem Buch und einem gepflegten Getränk zurückzuziehen.

Hier noch ein paar Regeln für die Themen Büro und Bücher:

BÜROARTIKEL (ALLTAGSBEDARF)	• Eher in den Hintergrund • Strukturieren, damit optische Ruhe entsteht • Kleine Produkte nach oben, große nach unten • Zu viel Auswahl überfordert / less is more • Im oberen Bereich Hinweistafeln, wo was zu finden ist
PAPIERE	• Für Schaufenstergestaltung nutzen, z. B. jede Menge Papierflieger • Bunte Papiere in horizontalen oder vertikalen Farbreihen • Einfaches System für Geschenkpapierbögen zum leichteren Entnehmen • Musterpapiere zum Anfassen bereitlegen • Anregen, was mit Papier alles möglich ist, z. B. Origamifiguren
BASTELBEDARF	• Viele ausgeführte Bastelarbeiten als Anregung zeigen • Pro Basteltrend Produkte im Verbund präsentieren • Vorkopfpräsentationen mit besonders auffälligen Produkten bestücken • Beispiele aus Zeitschriften in schönen Aufstellern zeigen • Bei hängenden Kleinteilen alle Haken auf einer Höhe
SCHULBEDARF	• Im hinteren Bereich eher simple Bedarfsartikel wie Hefte und Ordner • Im vorderen Bereich auffällige Artikel wie Schultaschen • Ungewöhnliche Schultüten zeigen, die zum Selbergestalten mit Bastelmaterial anregen • Eine alte Schulbank als Eyecatcher aufstellen • Genügend Möglichkeiten zum Ausprobieren von Stiften bieten
BÜCHER	• Schaufenster nicht überfrachten, auf ein Thema konzentrieren • Im Schaufenster Bücher in Sichthöhe platzieren • Im Laden originelle Hinweistafeln für die Genres • Inszenierungsinseln, um Themen hervorzuheben • Mit alten Möbeln Atmosphäre schaffen

Ortloff GmbH, Köln © mauricecoxfotografie

6.9 PARFÜMERIE/APOTHEKE

Die eine möchte man aufsuchen und die andere wird man meist aufsuchen müssen. Es gibt viele Produkte, die sowohl in einer Parfümerie als auch in einer Apotheke zu finden sind. Gerade im Bereich Pflege- oder Wohlfühlartikel bieten beide eine große Auswahl. Und bei der Warenpräsentation haben sie sowieso eines gemeinsam: Die Produkte werden überwiegend in Kartonverpackungen angeboten. Hier ist das Bild stark vom Corporate Design des jeweiligen Herstellers abhängig. Es ist daher nicht sinnvoll, verschiedene Marken im Regal zu mixen, das wirkt schnell zu unruhig.

Parfümerien bieten die meisten Produkte in sogenannten Marken-Depots an. Hier findet sich der Kunde leicht selber zurecht. In Apotheken wird bei den Produkten zwischen Sichtwahl (apotheken-, aber nicht verschreibungspflichtig) und Freiwahl (nicht apothekenpflichtig und frei zu wählen) unterschieden. Die Produkte in der Kategorie »Sichtwahl« befinden sich direkt hinter dem HV-Tisch (Handverkauf) und damit hinter dem Personal, wodurch sie optisch sehr im Fokus stehen. Bei den Freiwahlprodukten sollen wie in einer Parfümerie Begehrlichkeiten geweckt werden; sie sind frei zugänglich und der Kunde kann sie in die Hand nehmen. Generell sollten bei beiden Verkaufsarten die Produkte entsprechend den aufgezeigten Aufbauprinzipien professionell präsentiert werden. Sind Packungen auch von der Rückseite zu sehen - zum Beispiel auf einem Tisch, um den der Kunde herumgehen kann, oder in einem von beiden Seiten einsehbaren Regal -, dann die hintersten Packungen mit dem Gesicht zum Publikum drehen.

Sowohl in einer Parfümerie als auch in einer Apotheke darf gerne inszeniert werden, um auf neue Produkte oder ein aktuelles Thema wie zum Beispiel »Sommer = Sonnenschutzmittel« hinzuweisen. Wie wäre es hier mit kreativen Gestaltungselementen wie ein paar schönen Wasserbällen?

Hier noch ein paar Regeln für Parfümerie und Apotheke:

PARFÜMERIE (SCHAUFENSTER)	• Schaufensterkampagnen sind in der Regel vom Hersteller vorgegeben • Pro Fenster eine Marke: Marken nicht mixen • Nicht zu viele Produkte ausstellen und eher im Reihungsprinzip • Dekoelemente, die von den Inhaltsstoffen inspiriert sind (z. B. Sandelholz), dienen der Auflockerung • Auf absolute Sauberkeit achten
DEPOTS	• Produkte immer wieder nachfüllen und zurechtrücken • Unansehnliche Verpackungen entfernen • Tester ständig kontrollieren (sehen sie gepflegt aus?) • Probierstationen mit ansprechenden Tücherboxen und edlen Tischabfalleimern einrichten • Täglich alles säubern und reinigen
APOTHEKE (SCHAUFENSTER)	• Ein Thema pro Schaufenster • Geeignete Werbemittel der Industrie nutzen • Mit zusätzlichen Dekoelementen das Thema emotionaler gestalten • Nicht überfrachten, lieber nur ein Element und dieses dann mehrfach einsetzen • Im Tannenbaumprinzip aufbauen
SICHTWAHL	• Packungen eines Herstellers zusammen präsentieren • Lieber 2 bis 3 gleiche Packungen nebeneinander aufstellen, das bringt Ruhe • Wie bei einer Zahnreihe wirken Lücken störend • Packungen immer nach vorne ziehen • Pro Marke von klein nach groß arbeiten
FREIWAHL	• Produkte nicht zu eng stellen, ca. 2 mm Abstand • Als Hilfsmittel kann ein Lineal (hochkant als Abstandsmesser) benutzt werden • Artikel in Themen zusammenfassen, z. B. Badezusätze • Inspirierende Aktionsflächen lockern auf und machen neugierig • Probierstationen, z. B. bei Tees, unterstützen den Abverkauf

OLIVEDA

©DFROST für Oliveda Flagship Store, Berlin

Gourmet Berner, Weinstadt ©Karin Wahl

6.10 FOOD

»Essen ist das neue Shoppen«, hieß es auf einem internationalen Gastro-Kongress in Berlin. Das Kaufverhalten der Konsumenten, die im stationären Handel einkaufen, hat sich verändert. »Verbraucher legen inzwischen mehr Wert auf gutes Essen. Das gilt für die Lebensmittel, die man sich zu Hause zubereitet, genauso wie für das Essen, das man unterwegs zu sich nimmt«, sagt GfK-Konsumexperte Wolfgang Adlwarth in einem Interview in der »Textilwirtschaft«.[6]

Möchten Sie von diesem Trend profitieren und verkaufen ausgewählte Lebensmittel, sind bestimmte Richtlinien zu beachten. Bei verpackten Lebensmitteln ist das Lebensmittel- und Bedarfsgegenständegesetz maßgebend; somit sind die entsprechenden Hygiene- und Kennzeichnungsvorschriften einzuhalten. Werden unverpackte Lebensmittel verkauft, ist auch der Nachweis eines Gesundheitszeugnisses vorgeschrieben. Dabei muss man sich an die Grundpreisverordnung halten, die ein Bestandteil der deutschen Preisangabenverordnung ist.

Präsentieren Sie die Food-Artikel geschmackvoll und appetitlich. Licht spielt dabei eine große Rolle. Unterschiedliche Frischwaren benötigen unterschiedliche Lichtfarben. Brot muss in warmes Licht getaucht sein, Kräuter brauchen ein frischeres Licht, damit sie ansprechend aussehen. Bieten Sie schöne, handgeschriebene Rezeptvorschläge dazu an, dann wird keiner widerstehen können.

6 Vgl. Aziza Freutel: »Essen ist sexier als Mode«, Textilwirtschaft, 14.06.2017.

Ein paar Regeln für Food als Zusatzangebot:

FRISCHWARE	• Aktuelle Richtlinien und Hygienebestimmungen beachten. • Einhalten der Lebensmittelinformationsverordnung. • Deklarieren von Allergengruppen in Lebensmitteln. • Bei leicht verderblicher Ware auf Mindesthaltbarkeitsdatum oder Verbrauchsdatum achten. • Das jüngste Datum immer nach vorne stellen.
BACKWAREN	• Produkte attraktiv auf kleinen Papierdecken oder Tortenspitze präsentieren. • Auslage immer wieder aus Kundensicht betrachten. • Auch hier Einhalten der Lebensmittelinformationsverordnung • Personal- und Produkthygienevorschriften einhalten. • Verpackungsmaterialien müssen lebensmitteltauglich sein.
SPEZIALITÄTEN	• Bei selbst hergestellten Produkten Kennzeichnungspflicht beachten. • Originelle Etiketten oder Verpackungen machen neugierig. • Hinweise auf Besonderheiten. • Probiermöglichkeiten anbieten. • Auf sauberes Umfeld achten.
SCHOKOLADE	• Probierstückchen auf schönen Tellern oder Etageren anbieten. • Schokolade ist feuchtigkeits-, geruchs- und oxidationsempfindlich. • Bei einer Temperatur von ca. 12 bis 20 °C aufbewahren. • Auch auf geeignetes Klima im Lagerraum achten. • Nicht in der Nähe stark riechender Lebensmittel lagern.
WEIN	• Präsentation in entsprechend wertigem Ambiente. • Schöne Hinweistafeln erleichtern dem Kunden die Auswahl. • Wird der Wein vor Ort konsumiert, ist es ein erlaubnispflichtiger Ausschank. • Eine kostenlose Weinprobe ist ohne Schankerlaubnis möglich. • Auf richtige Lagerung und Temperatur achten.

Leffers, Oldenburg ©Karin Ullrich

Bründel, Salzburg ©Christian Wöckinger

6.11 GASTRO-ECKE

Verabredet man sich heute zur Einkaufstour mit Freundinnen, ist meistens eine ausgiebige Kaffeepause oder das anschließende »Herzeigen der Shoppingausbeute« bei einem Glas Wein mit eingeplant. Wenn Sie darüber nachdenken, in Ihrem Geschäft eine kleine Gastro-Ecke einzurichten, in der Kaffee, Kaltgetränke und Snacks angeboten werden, brauchen Sie dafür keine extra Konzession. Nur für den Ausschank von alkoholischen Getränken ist eine Schankerlaubnis notwendig.

Was Sie allerdings in jedem Fall benötigen, ist die Genehmigung der Gewerbeaufsicht, der Lebensmittelhygienebehörde, des Arbeitsschutzes und der Bauämter. Am besten informieren Sie sich bei einer für Sie zuständigen Stelle. Seit 2010 gibt es pro Bundesland einen »Einheitlichen Ansprechpartner«, der unentgeltliche Beratung, Weiterleitung an und Koordination mit den zuständigen Ämtern anbietet. Das Ganze ist also mit etwas Mühe verbunden, aber das Ergebnis wird auf jeden Fall einen Mehrwert für Ihren Store haben.

Man soll dem Leib etwas Gutes bieten, damit die Seele Lust hat, darin zu wohnen. Winston Churchill

Jeder Kunde wird sich freuen, wenn ihm beim Einkauf ein Gutschein für die Kaffeebar zugesteckt wird, in der eine angenehme Atmosphäre herrscht: Modern, trendig und gemütlich soll es sein. Auch das »Drumherum« sollte sorgfältig ausgesucht werden. Hochwertiger Kaffee, schönes Geschirr, ansprechende Getränkekarten und ein paar nette Grünpflanzen helfen dabei. Angeschlagene Tassen oder Kaffeeflecken auf der Getränkekarte machen sich hingegen nicht besonders gut. Deshalb unbedingt auf Hygiene und Sauberkeit achten.

Hier noch ein paar Regeln für Ihren Gastrobereich:

AUSSTATTUNG	• Unterstützung von Fachleuten beim Aufbau in Anspruch nehmen • Kaffeesystemvertriebe bieten Mietgeräte inklusive Wartung an • Originelle Möblierung wirkt anziehend • Bequeme Sitzgelegenheiten und Lesemöglichkeiten anbieten • Hochwertiges Besteck und Geschirr
LICHT	• Warmes Licht für die Atmosphäre ist absolut wichtig • Bei ausgestellten Lebensmitteln auf richtige Lichtfarbe achten • Besonderheiten wie Logo oder Plakate mit Spotstrahler anleuchten • Originelle Deckenhängelampen unterstreichen den Charakter der Gastro-Ecke • Funktion der Leuchtmittel immer wieder überprüfen
PRÄSENTATION	• Speisen in der Auslage ansprechend präsentieren • Reihungsprinzip bei den Produkten macht die Auswahl einfacher • Karierte Decken vermitteln sofort ein heimeliges Gefühl • Zusätzliche Elemente, z. B. frische Kräuter, wirken anregend • Besondere Präsentationshilfen wie Tortenplatten mit Glasglosche benutzen
CORPORATE DESIGN	• Spritziger und ungewöhnlicher Name bleibt beim Kunden hängen • Speise- und Getränkekarten sollten originell gestaltet sein • Je ausgefallener, desto besser • Schiefertafeln sind trendig und wirken mit der Hand beschrieben sehr persönlich • Wenn möglich, auch das Geschirr mit Logo versehen
AKTIONEN	• Wechselnde Aktionen wie »Drink of the day« locken Wiederkehrer an • Kunden mit einbinden: »Was ist Ihr / Dein Lieblingsgetränk?« • Als Attraktion einen Barista, Koch oder Chocolatier einladen • In den sozialen Medien darauf hinweisen • Abends für übrig gebliebene Speisen Happy Hour anbieten

Leffers © Joachim Grothus

6.12 WEITERE BRANCHEN

Natürlich gibt es noch unzählige andere Branchen, die »Hartware« anbieten - zum Beispiel Elektrofachhandel, Zoohandlungen, Handarbeitsläden, Blumengeschäfte, Fotohändler, Fahrrad-Stores, Werkzeuganbieter, Telekommunikations- oder Computerfachhandel und viele mehr. Selbst Copyshops und Beautysalons bieten neben ihrer Dienstleistung oft Produkte aus ihrem Bereich (Bürobedarf beziehungsweise Pflegeprodukte) an. Unlängst entdeckte ich einen Kiosk, dessen Inhaber sich besondere Mühe bei der Präsentation seiner Waren gegeben hatte. Alle Produkte standen mustergültig in Reih und Glied und ein Kronleuchter sorgte für eine nettere Atmosphäre. Das hat sich mir eingeprägt, und wenn ich in der Nähe bin, werde ich dort sicherlich wieder vorbeischauen.

Viele Tipps und Anregungen aus diesem Buch lassen sich problemlos auf andere Branchen übertragen. Eigentlich ist es relativ einfach, mit ein bisschen persönlichem Einsatz, der Beachtung der wichtigsten Grundregeln und ein paar originellen Ideen eine angenehme Atmosphäre und gute Verkaufsstimmung zu schaffen. Natürlich braucht das ein wenig Zeit und macht Arbeit, aber im besten Fall danken es Ihnen die Kunden mit längerer Verweildauer und mehr Zufriedenheit. Werden die Regeln - zum Beispiel Reihungsprinzip, nach Farben und Größen sortieren, Struktur, Ordnung und Sauberkeit - eingehalten, wird sich der Kunde leichter zurechtfinden und sich daran erfreuen. Denken Sie an die Reizüberflutung und wie Sie sie vermeiden können. Ach ja, und ganz wichtig: Immer schön die Lagertüre schließen!

Kleinigkeiten machen immer die größte Mühe.
Oscar Wilde

Leffers, Oldenburg ©Karin Ullrich

ORSAY © Jens Pfisterer

7

UND MORGEN?

7.1 NEUE INSZENIERUNGEN? WECHSEL?

»Nach dem Spiel ist vor dem Spiel!« Ein Spruch der Fußballlegende Sepp Herberger hat nach über 60 Jahren immer noch Bedeutung. Kurz ausruhen, dann aber neue Taktiken und Techniken ausprobieren, weiterhin trainieren und »am Ball« bleiben. Für Sie bedeutet das: Nach der Inszenierung ist vor der Inszenierung! Ob im Schaufenster oder auf der Fläche. Ziehen Sie ein Resümee. Wie kommt die Gestaltung beim Kunden an? Was war ansprechend? Was kann beim nächsten Mal optimiert werden? Wann sollte dem Kunden ein neues Bild geboten werden? Bei einem Schaufenster kommt es darauf an, wo es sich befindet. Liegt es an einer belebten Straße und täglich laufen sehr viele Menschen vorbei – zum Teil immer dieselben, weil es ihr Arbeitsweg ist –, sollte man alle zwei bis drei Wochen über einen Wechsel nachdenken. Nur so bleibt der Passant aufmerksam. Ist Ihr Geschäft in einer Seitenstraße und wird viel von Stammkunden besucht, die nur ab und zu vorbeischauen, kann das Fenster auch etwas länger stehen bleiben.

Nur wenn Warenbilder wechseln, bleibt der Kunde aufmerksam.
Bei der Innenraumgestaltung darf sich das Bild auch ab und zu ändern. Die Anmerkung eines Stammkunden: »Ach, das kenne ich ja schon!«, könnte fatale Auswirkungen haben. Dieser Kunde wird nicht so oft wiederkommen, weil er denkt, es wird sich nicht lohnen. Drehen Sie die Warenbilder, selbst wenn noch keine neue Ware eingetroffen ist. So werden Produkte entdeckt, die an einer anderen Stelle übersehen wurden. Laut einer Umfrage des EHI Retail Institute ist bei der Gestaltung auf der Fläche ein Zyklus von durchschnittlich vier bis acht Wochen zu empfehlen. In der Zwischenzeit könnten zum Beispiel die Fokusflächen mit Ware in einer anderen Farbe erstrahlen oder man verschiebt den einen oder anderen Warenträger an eine andere Stelle.

Am besten erstellen Sie einen Jahresplan, in den Sie sowohl für das Schaufenster als auch für die Verkaufsfläche das Eintreffen der neuen Ware, Ihre Ideen, geplante Aktionen und Kampagnen eintragen. So haben Sie einen Überblick und wissen, wann, wo und wie etwas gestaltet wird und was dafür an Vorbereitung notwendig ist. Dann brauchen Sie sich keine Sorgen mehr machen, wenn es plötzlich wieder »vor dem Spiel« ist.

FAZIT: Damit Kunden aufmerksam bleiben, sollte ihnen immer wieder ein neues Bild geboten werden.

FRAGEN SIE SICH:

- **Wie oft wird unser Schaufenster gestaltet?**
- **Bieten wir auf der Fläche genügend Abwechslung?**

JAHRESPLANUNG

	THEMA	WARE	FOKUSFLÄCHE	FENSTER
Januar				
Februar				
März				
April				
Mai				
Juni				

	THEMA	WARE	FOKUSFLÄCHE	FENSTER
Juli				
August				
September				
Oktober				
November				
Dezember				

©Karin Wahl

7.2 LEITBILD

Wo soll die Reise hingehen? Was möchten Sie noch erreichen? Laut Wikipedia bildet ein Leitbild den Rahmen für Strategien, Ziele und operatives Handeln. Wie kann ich meine Kunden noch glücklicher machen? Am besten, Sie fragen sie. Das kann zwanglos im Kundengespräch geschehen: »Wie wurden Sie auf unseren Shop aufmerksam?« oder »Hat es Ihnen bei uns gefallen?«. Die meisten Informationen erhalten Sie, wenn Sie eine kleine Umfrage starten. Das kann digital auf Ihrer Internetseite oder in den sozialen Medien stattfinden, am besten verbunden mit einem Anreiz für den nächsten Einkauf. Oder Sie führen die Aktion klassisch analog mit schön gestalteten Kärtchen zum Ausfüllen aus. Nur ein paar Fragen zum Ankreuzen, alles andere ist zu kompliziert. Nehmen Sie die Ergebnisse Ihrer Umfrage genauso wie Ihre Bewertungen im Internet zum Anlass, negative Punkte zu verbessern und positive Rückmeldungen auszubauen. Stellen Sie anhand dessen ein Leitbild auf (oder aktualisieren Sie das bestehende), mit welcher Strategie und mit welchem Ziel Sie Ihre Kunden noch glücklicher machen können. Auf der folgenden Seite finden Sie ein Beispiel für einen Fragebogen.

Was Früchte trägt, lockt auch Pflücker herbei. Martin Gerhard Reisenberg

Auch alle Mitarbeiter sollten sich an diesen Aktionen beteiligen. Sie kennen die Kunden am besten. Was kann kurzfristig, mittelfristig und langfristig getan werden, damit Ihr Unternehmen im Gespräch und somit am Markt bleibt? Orientieren Sie sich an neuen Konzepten, verschließen Sie sich nicht den aktuellen Trends. Saugen Sie alles auf, was Sie an Informationen bekommen können. Nehmen Sie sich Zeit, auch einmal einen Vortrag über Zukunftsprognosen im Handel zu besuchen. Probieren Sie öfter etwas aus. Selbst wenn es nicht gleich den gewünschten Erfolg hat, geben Sie nicht auf. Die nächste Idee findet bestimmt Gefallen. Nur wer sich bewegt, bewegt! Ihre Kunden werden es Ihnen mit einem Besuch bestätigen.

FAZIT: Mit einem überzeugenden Leitbild lässt sich die Zukunft des Ladens mit vorbereiten. Eine Kundenumfrage kann dabei helfen.

FRAGEN SIE SICH:

- **Gibt es in unserem Unternehmen ein Leitbild?**
- **Wissen wir wirklich, wie unsere Kunden denken und fühlen?**

WAS GEFÄLLT IHNEN BEI UNS UND WO KÖNNEN WIR UNS VERBESSERN?			
	🙂	😐	☹️
FREUNDLICHES PERSONAL			
FACHLICHE BERATUNG			
SERVICE			
GUTE AUSWAHL			
INTERESSANTE ANGEBOTE			
ÜBERSICHT / EINFACHES ZURECHTFINDEN			
LADENGESTALTUNG			
ANGENEHME ATMOSPHÄRE			
ANSPRECHENDE WARENPRÄSENTATION			
ORDNUNG / SAUBERKEIT			
GESAMTEINDRUCK			
SONSTIGES			
BITTE WÜNSCHE EINTRAGEN			

© Karin Wahl

7.3. HILFESTELLUNG

Nur wer Spaß an seiner Aufgabe hat, wird sie mit Leidenschaft ausführen. Doch es gehört weit mehr dazu. Ware professionell zu präsentieren, sei es im Schaufenster oder auf der Fläche, basiert auf viel Fachwissen und ausreichend Erfahrung. Dieses Buch enthält das Basiswissen; das Üben und Ausprobieren kann es jedoch nicht ersetzen. Verfügen die Mitarbeiter schon über das richtige Know-how, dann prima! Ansonsten bringen Workshops, Seminare oder Lehrgänge den größten Erfolg. Hier werden neben dem Fachwissen praktische Übungen angeboten, die die Teilnehmer sicherer werden lassen. Nur wer weiß, wie es geht, kann Leidenschaft entwickeln.

Mit Liebe einer Sache nachgehen, dann gesellt sich Glück hinzu! Autor unbekannt

Dieses Buch richtet sich an unterschiedlich Interessierte, zum Beispiel an angehende Gestalter, die ihr Wissen erweitern wollen, weil in der Ausbildung nicht genügend Zeit dafür ist. Es richtet sich ebenso an das Verkaufspersonal, dem die Gestaltung und Warenpräsentation aufgetragen wurde. Ein Mitarbeiter, der keine Ambitionen hat, sich dieser Aufgabe zu widmen, sollte lieber andere Bereiche betreuen.

Manchmal braucht es Unterstützung.

In diesem Buch haben Sie viel über ansprechende Warenbilder gelesen und warum sie so wichtig sind. Deshalb sollte nichts dem Zufall überlassen werden. Hat in Ihrem Laden niemand die Zeit dafür oder fehlt es an originellen Ideen (mit dem dazugehörigen Material), engagieren Sie lieber einen Profi. Hören Sie sich bei Kollegen um, ob sie jemanden empfehlen können, oder fragen Sie einfach in einem Geschäft nach, bei dem Ihnen die Dekoration besonders gut gefällt. Ansonsten können Sie auch beim VMM (Europäischer Verband Visuelles Marketing/Merchandising) nachfragen. Dieser unterstützt Sie bei all Ihren Anliegen rund ums Visual Merchandising. Der Verband ist Partner der Industrie, der Behörden, des Handels, der Verbände und der Schulen. Außerdem verfügt er über einen europaweiten Pool von Visual Merchandisern und Gestaltern, die Sie zur Unterstützung anfordern können. Er kann Ihnen auch Hinweise zur Weiterbildung geben oder geeignete zertifizierte Trainer vermitteln.

FAZIT: Es gehören mehr als nur ein paar Grundregeln dazu, ansprechende Bilder zu gestalten. Wer sich schwer tut, sollte sich professionelle Unterstützung holen.

FRAGEN SIE SICH:

- **Fällt uns das Gestalten von Warenbildern leicht?**
- **Könnten wir in irgendeiner Form Hilfestellung gebrauchen?**

FORMFACTORY für Søren Fashion GmbH, Hagen © Broich & Schwab Photography

© BUTIQ GmbH, Mannheim

SCHLUSSWORT: »WOW, DA KOMM ICH WIEDER!«

Ja, auch ich brauche Inspiration. Nicht nur bei meiner Arbeit, sondern auch wenn ein Geburtstag, ein Jubiläum, eine Einladung, Ostern, Weihnachten oder was auch immer ansteht. Was soll ich nur schenken? Das kann auch mir schlaflose Nächte bereiten. Neulich war es wieder mal so weit. Hätte ich nicht diesen wunderbaren Concept Store betreten, wäre die Anzahl der schlaflosen Nächte höher gewesen.

Köder: Lockmittel, das den Haken schmackhafter macht; am wirksamsten ist Schönheit.
Ambrose Gwinnett Bierce

Was sich mir zeigte, war eine Augenweide: eintauchen in eine bezaubernde Welt nur aus schönen Dingen. Liebevoll präsentiert in einer warmen, heimeligen Atmosphäre. Bunt gemixt, aber geschmackvoll zusammengetragen. Und was soll ich sagen? Ich hatte in kurzer Zeit ziemlich viel auf den Kassentresen gelegt. Mehr als ich wollte. Jetzt war nicht nur der Geburtstag gerettet, sondern auch noch Ostern und Weihnachten, da ich auf Vorrat eingekauft hatte. Das einzige Problem beim Einkauf auf Vorrat ist, dass man nicht mehr so oft in den schönen Laden gehen muss. Aber ich finde schon einen Grund. Vielleicht kaufe ich beim nächsten Mal einfach für mich selber ein. Lieber Laden, ich komme bald wieder!

In diesem Store hat das Konzept gestimmt. Es gab eine Kaufatmosphäre, die Begeisterung auslöst. Die Ware wurde mit Feingefühl ausgesucht und präsentiert. Hier hat Visual Merchandising perfekt funktioniert. Übertragen Sie Ansätze aus diesem Beispiel auf Ihre Branche und Ihr Unternehmen. Machen Sie aus Ihrem Point of Sale einen Point of Wow!

Ich freue mich, wenn dieses Buch Sie dabei unterstützt und auf dem Weg zur perfekten Gestaltung begleitet. Ich wünsche Ihnen jedenfalls viel Spaß dabei.

© Pietro Sutera

ÜBER DIE AUTORIN

Karin Wahl ist Gestalterin mit Leib und Seele. Bei ihrer Awardverleihung dankte sie ihrem Vater, dass sie Dekorateurin werden durfte - und nicht, wie er es gerne gehabt hätte, Sekretärin.

Karin Wahl hat eine klassische Ausbildung zur Schaufenstergestalterin absolviert, so lautete die Berufsbezeichnung damals. Sie arbeitete in verschiedenen Kaufhäusern, zuletzt bei der Firma Beck in München, und ging dann als stellvertretende Dekoleitung nach Köln, als Beck dort ein neues Haus eröffnete. Später machte sie sich selbstständig und durfte große Unternehmen wie Timberland, Escada, Kaldewei und viele andere bei ihrem Firmenauftritt - sowohl in der Fenstergestaltung als auch auf Messeständen und in Showrooms - mit ihrer Kreativität unterstützen.

Seit 2009 ist sie zertifizierte Trainerin und kann so ihr umfangreiches Know-how und ihre Erfahrung an Wissbegierige im Bereich Visual Merchandising weitergeben. Hier zählen unter anderem Firmen wie Tchibo und Koziol zu ihren Kunden. Bei ihren Fachvorträgen, zum Beispiel bei der Messe Frankfurt, hat sie immer begeisterte Zuhörer. Sie ist Prüferin bei der IHK Köln für die Auszubildenden mit dem Berufsziel »Gestalter/-in für visuelles Marketing« und seit 2017 Vorstandsmitglied im Verband VMM (Europäischer Zentralverband für visuelles Marketing/Merchandising). Stolz ist sie auf ihren Award »Best Visual Marketing Europe«, den sie 2012 erhielt.

Karin Wahl sagt selbst: »Ich habe den tollsten Beruf, den man sich vorstellen kann. Es gibt nichts Schöneres, als mit Fantasie und Kreativität besondere Bilder entstehen zu lassen. Wenn man dann noch andere Menschen dafür begeistern kann, ist die Freude groß. Mir gefällt, was der antike Philosoph Augustinus von Hippo einmal gesagt hat: ›Nur wer selbst brennt, kann Feuer in anderen entfachen.‹«

www.karin-wahl.de

// EIN HERZLICHES »DANKESCHÖN« AN MEINE HELFER UND HELFERSHELFER

Es war die Idee des Deutschen Fachverlags, Bücher anzubieten, die die Basisregeln des Visual Merchandising aufzeigen, um damit viele Leserinnen und Leser bei ihrer täglichen Arbeit zu unterstützen. Meine ersten zwei Bücher für den Modehandel sind sehr erfolgreich und somit der Beweis, dass die Idee die richtige war. Da ich anschließend viele Anfragen bekommen hatte, warum es kein Buch über die Präsentation von Produkten aus dem Fachhandel gibt, haben Caroline Schauwienold vom Deutschen Fachverlag und ich entschieden, dieses Vorhaben in die Tat umzusetzen. Danke, dass ich nochmal die Chance bekommen habe, mein Wissen weiterzugeben. Danke an Rea Saleh vom Deutschen Fachverlag für ihren unermüdlichen Einsatz bei der Bildbeschaffung und danke auch an meine Lektorin Sabine Rock für die spannende und fruchtbare Zusammenarbeit.

Danke an alle meine Freunde, die mich während des Schreibens seelisch und moralisch unterstützt und in dieser Zeit geduldig auf meine Gesellschaft verzichtet haben. Danke an Carolin, Frank und Annette! Danke auch an Julia Steinberger und Carina Buhlert für ihren tatkräftigen Einsatz.

Ein besonderer Dank gilt den Personen, die sich sehr engagiert und ihre kostbare Zeit aufgewendet haben, damit ich genügend Fotomaterial zur Verfügung hatte:
Anja Haak (TextilWirtschaft), Nicole Gries und Vanessa Pütz (Soennecken), Nicole Legantke und Adela Baffa (Leffers), Sabine Frey und Marilena Gregorini (Proflax), Matthias Storch (BUTIQ), Christoph Stelzer und Jessica Metz (DFROST), Michael Bonschenk (Moysig), Erdmann Kilian und Mario Arnold (Messe Frankfurt), Petra Gebhard (Ansorg), Evi Mayr und Kathrin Maier (Beck), Domagoj Mrsic (sayonara-visual-concepts), Wolfram Liebhard (Abama), Markus Kratz und Susanne Weller (kplus konzept), Georg und Niklas Otten (Formfactory), Sabine Oefner (Tischideen & Ambiente), Susanne Knacke (KARE Design), Winnes Hüpel (Brillen Hallerbach), Cathrin Paul (Rice), Claus Mair (Konkrete Konzepte), Jutta Sauerwald (Siebter Himmel), Susanne Fern und Beate Wild, Hildegard Roth (Mensing), Michael Ernst, Fabian Nendza (Globetrotter), Jürgen Budke (MuKK), Erika Neff-Tahiri und Kerstin Barthel (Meisenbach Verlag).

NEUGIERIG GEWORDEN? WEITERE BÜCHER VON KARIN WAHL:

Karin Wahl
GEBRAUCHSANWEISUNG VISUAL MERCHANDISING
Warenpräsentation im Modehandel
Band 1: Schaufenster

ISBN **978-3-86641-293-4**

Karin Wahl
GEBRAUCHSANWEISUNG VISUAL MERCHANDISING
Warenpräsentation im Modehandel
Band 2: Verkaufsfläche

ISBN **978-3-86641-294-1**